CHARLES
VERLAG

Christa Rosenberger

Frankfurter Momente

Kleine Geschichten aus einer großen Stadt

CHARLES
VERLAG

Rosenberger, Christa: Frankfurter Momente.
Kleine Geschichten aus einer großen Stadt.
Hamburg, Charles Verlag 2020.

1. Auflage 2020
ISBN: 978-3-948486-10-5

Dieses Buch ist auch als eBook erhältlich und kann über den Handel oder den Verlag bezogen werden.
ePub-eBook: 978-3-948486-12-9

Lektorat: Alexander Flohr
Korrektorat: Lilly Pia Seidel, Hamburg
Satz: Lilly Pia Seidel, Hamburg
Umschlaggestaltung: © Annelie Lamers

Bibliografische Information der Deutschen Nationalbibliothek: Die Deutsche Nationalbibliothek verzeichnet diese Publikation in der Deutschen Nationalbibliografie; detaillierte bibliografische Daten sind im Internet über https://dnb.d-nb.de abrufbar.

Der Charles Verlag ist ein Imprint der Bedey Media GmbH, Hermannstal 119k, 22119 Hamburg und Mitglied der Verlags-WG: www.verlags-wg.de

www.charlesverlag.de
Gedruckt in Deutschland

Begegnungen und Beobachtungen,
Gedichte, Gedanken und Notizen,
Impressionen und Alltagsgeschichten,
erschienen in der Frankfurter Allgemeinen Zeitung
und der Frankfurter Rundschau

Den Freunden Frankfurts gewidmet,
wer immer sich dazu zählen mag …

Inhaltsverzeichnis

Einmal Frankfurt und zurück

Es ist 12.50 Uhr. Ein sonnenwarmer Donnerstag. Im Verkehrsamt nimmt uns unsere Reisebegleiterin in Empfang. Brav trippeln wir hinter ihr her. „Wir", das sind 40 erwartungsvolle deutsche, amerikanische, englische und japanische Zeitgenossen, die gerade eine sommerliche „Frankfurt On Tour" per Panoramabus gebucht haben.

Gegenüber der Paulskirche, der „Wiege der Demokratie", steht unser Bus, buntbemalt, klimatisiert und abfahrbereit.

Wir machen's uns bequem. Die beiden Damen aus Hildesheim verstauen ihre blau-rot bedruckten „Frankfurt"-Plastiktüten, drei US-Teenager mit T-Shirt-Aufdruck „SeaWorld/Florida" packen Schokoriegel aus und knabbern genüsslich daran, zwei schweigsame Elternpaare mit sechs Söhnen und Töchtern blättern gelangweilt in Broschüren und ein englischer Geschäftsmann mit seiner englischen Lady vertieft sich in den Baedecker.

Gleich vier Sitzreihen nimmt eine amerikanische Großfamilie ein, deren Seniorin unaufhörlich in einem Rucksack kramt, während der jüngste Spross mit Spuckefingern einer Frankfurter Fliege Beine macht, die sich zu einem gemütlichen Mittagsschläfchen niederlassen wollte.

Den Rest unserer Crew bilden – an der Sprache kenntlich – ein wohlbeleibter Berliner, zwei aufgekratzte Sächsinnen und mehrere liebenswürdige Japaner, die freundlich nach allen Seiten lächeln.

Herr Sukio Kan ist einer von den Söhnen Nippons, die ausgezogen sind, um die Krönungsstadt deutscher Könige und Kaiser persönlich in Augenschein zu nehmen. Seinen Namen trägt Sukio Kan auf einem Schild am Rockaufschlag, damit er nicht verloren geht, und vor der Stadtrundfahrt stand er artig Schlange, um sich für 26 Euro zweieinhalb Stunden Frankfurt zu kaufen.

Punkt 13.00 Uhr rollen wir in Richtung Hauptbahnhof, wo der Rest unserer Gruppe bereits wartet. Die Führerin begrüßt uns jetzt offiziell. Sie heißt Renate Meyer und unser Fahrer ist der „Sigi".

Punkt 13.15 Uhr ist der Bus des Verkehrsvereins rappelvoll, gibt Frau Meyer das Signal zur Abfahrt, werden Filmkameras einsatzbereit gemacht, schwirrt es deutsch und englisch durcheinander, zwitschert es fernöstlich dazwischen.

Los geht's.

Sind zum Anfang ein paar Superlative gefällig? Bitte sehr!

Frankfurt hat von allen deutschen Städten die meisten Banken, Bäume und Benzinkutschen. Das größte Steueraufkommen und den höchsten Büroturm Europas. Die bedeutendste Börse und die mächtigste Bundesbank. Die Mehrzahl aller kreativen Köpfe und den ersten Platz in der Kriminalstatistik. Ferner, hätten Sie's gewusst, genau 294 landwirtschaftliche Betriebe mit 845 Kühen, 330 Schafen, 2000 Schweinen und fast 5000 Hühnern.

Sigi steuert das Bankenviertel an, die „Wall Street" in Mainhattan. Frankfurt ist nur die fünftgrößte Stadt, sagt Frau Meyer auf Englisch und auf Deutsch, aber voller Geist und Geld, Wirtschaftskraft und Power. Links schimmert die Dresdner Bank durch filigranes Geäst, rechts erstrahlt die Deutsche Bank in gleißendem, hellem Mittagslicht. Herr Sukio Kan und die anderen Gäste sind sichtlich beeindruckt, ist doch die Mainmetropole auf dem besten Weg, der Londoner City den Rang abzulaufen.

Mehr als vierhundert Geldpaläste, Wolkenkratzer und Türme, die in den Himmel wachsen, gibt es bei uns und es werden immer mehr.

Vorne jetzt das Karmeliterkloster und wieder eine Bank, eine ganz vornehme sogar, die von den Bethmanns.

Im Nizza-„Corner" scheint die Sonne, der Main glitzert. Enten schnäbeln und am Uferrand findet ein Treffen weißer Schwäne statt. Flügelschlagend kommen sie zur Ortsbesichtigung angerannt. Erste „lovely"-Ausrufe.

Frau Meyer gehört nicht zu jener Sorte Fremdenführerinnen, die von der Idee besessen sind, Touristen hätten nur Sinn für die Historie und nichts übrig für die Gegenwart. So erfahren Herr Sukio Kan und wir, dass Frankfurt zu den größten deutschen Binnenhafenstädten zählt, dass unser Airport Deutschlands Tor zur Welt ist, und dass es derzeit 660.000 Einwohner gibt (mehr weibliche als männliche).

Wir fahren über den Main „River". Die Story von Karl dem Großen und seiner Franken-Furt ergibt die Gelegenheit, auf den sich nähernden 1200. Geburtstag der Stadt hinzuweisen – ehe wir das Museumsufer erreichen.

Prominente Namen, Kunst und Kultur im Zeitraffer: Städel, Kommunikationsmuseum, Völkerkunde-Sammlung, das Architekturmuseum, ein schneller, schräger Blick nach drüben auf die andere Mainseite zum Jüdischen Museum und schließlich der weiße Traum des Richard Meier, das Museum für Kunsthandwerk.

Jetzt chauffiert uns Sigi nach Sachsenhausen. Mit Klappergassenatmosphäre und der Frau Rauscher, mit Tipps für Grüne Soß' und Handkäs' mit Musik und mit der Philosophie des Ebbelweins (man trinkt ihn pur oder gespritzt) werden die Ladies und Gentlemen vertraut gemacht.

Herr Sukio Kan lächelt wissend und höflich.

Über die Alte Brücke („der schönste Blick auf die Sykline"), dann der „hochgotische" Dom von außen. Den hochgotischen Dom von innen schenken wir uns.

Das berühmte „Tortenstück" des Museums für Moderne Kunst von Hans Hollein und endlich der Römer.

Unser Bus hält, wir steigen aus. Die Glocken der Nikolaikirche läuten, überall wimmelt es von Uniformierten. Eine Demo? Nein, nur die Hochzeit eines wackeren Polizeimannes, dessen Kollegen Spalier stehen. Später fallen die Tauben ein, stolzieren über verwehte Rosenblätter, picken die letzten Reiskörner auf, setzen sich der betagten Justitia respektlos mitten aufs edle Haupt, und unsere Japaner knipsen begeistert.

„Wir gehen nun", sagt Renate Meyer, „ins leider etwas hässlich geratene Historische Museum."

Dort stehen wir dann alle einen Augenblick lang stumm und betroffen vor den Modellen des historischen und des zerstörten, des einmal gewesenen und des jäh untergegangen Frankfurts.

Draußen umfängt uns Lichthelligkeit. Noch fünfzehn Minuten Heimatkundeunterricht auf dem Römerplatz vor neuer Mittelalter-Kulisse. „Marvellous" jubelt nicht nur unsere Britin angesichts der spitzgiebeligen Fachwerk-Idylle.

Weiterfahrt zum Goethe-Haus. Stopp an der Adresse Großer Hirschgraben 23. Hier gerät unsere kluge und charmante Lehrerin erstmals ins Schleudern. Die Küche von Frau Rath ist brechend voll, im Treppenhaus wogt es wie auf der Rolltreppe zur U-Bahn, eine Gruppe rauf, andere Gruppe runter. Sogar das stille Örtchen zwischen Efeu und Oleander ist belagert. Frau Meyer würzt ihren kulturhistorischen Vortrag mit amüsanten Anekdoten. Sie beschwört nicht weihevoll den Geist Goethes, lässt uns auch nicht ehrfürchtig den Atem der Geschichte schnuppern, sondern zeigt uns schlicht und einfach das Haus einer angesehenen und wohlhabenden Frankfurter Familie.

Es ist heiß im Blauen Salon. Die Topfpflanze am Fenster lässt ihre Blätter hängen. Der Guide einer anderen Gruppe wischt sich diskret den Schweiß von der Stirn, eine der Hildesheimer Damen beißt verstohlen in ein Schinkenbrötchen und Herr Sukio Kan macht sich Notizen.

Bei der Fahrt durch Frankfurts Vergangenheit wird man hart mit der Gegenwart konfrontiert.

Baustellen, Umleitungen, wütende, hupende Autofahrer, rücksichtslose Radfahrer, Gedränge und Getöse.

Für uns freilich ist Sightseeing mit Sigi hinter den getönten Scheiben unseres Busses völlig stressfrei.

Gesellschaftskritisch haben's Touristen offenbar nicht gern. Das scheint eine von Fremdenverkehrsstrategen gemachte Erfahrung zu sein, denn Brisantes wird sorgsam vermieden. Bau- und Bodenspekulationen, Schuldenberge, leere Stadtkassen und politische Querelen, Drogenprobleme und Gewaltverbrechen, sie finden nicht statt. Dafür viel anderes Frankfurt für 26 Euro: Interessantes, Wissenswertes, Amüsantes, Zeitgeschichtliches.

Wir passieren die Alte Oper, den Eschenheimer Turm, das Amerika-Haus und das I.G.-Farben-Gebäude. Lachend winkt unserem Bus unterwegs einer zu, mit einem rotweinfleckigen Stoppelgesicht, in irgendeiner Ecke kauernd.

Letzte Rundfahrt durch das noble Westend mit seinen schönen Häusern und den stillen Straßen, wo feine alte Damen feine alte Hunde spazieren führen. Ein Schlenker nach Bockenheim, ein paar Daten über die Uni und den Hinweis auf Dinos und Urvogel im Senckenberg-Museum.

Früher war für die Offiziellen eine Stadtrundfahrt ohne Palmengarten wie ein Frankfurter Würstchen ohne Senf. Denn dort, in Frankfurt grünstem Park, da gab es so manches Gruppenbild mit Damen und oft vielstimmiges Entzücken über Palmenwedel und Wasserfall, Bananenstauden und Bunya-Bunya-Baum. Es gab Brotkrumen für die Monstergoldfische und ein „Hallo" an die Papageien. Exakt eine Viertelstunde war dafür eingeplant.

Heute düsen wir am Palmengarten vorbei und schon erwartet uns von Weitem Jonathan Borofskys „Hammering Man", die Symbolfigur für das „Big Business".

Dann das Messegelände (noch einmal eindrucksvolle Zahlen von unserer Führerin), die allerletzte Bank, der Hauptbahnhof – architektonisches Juwel der Gründerzeit.

Beifall und bye-bye. Die letzten Meter Film sind abgespult. Herr Sukio Kan verstaut seinen Fotoapparat und zieht das Notizbuch aus der Tasche.

Frankfurt kann abgehakt werden.

Der Feuerschlucker

Am Morgen gehört der große Platz vor der Alten Oper noch den Bankenmännern mit den Aktenköfferchen, in ihren schwarzen Anzügen und den weißen Hemden. Um die Mittagszeit gehört er schon den Flaneuren, den kleinen bauchfreien Mädchen, den Rollerbladern und den Touristen. Am Nachmittag aber ist es der Platz des Feuerschluckers. Er steht da, stolz wie ein Stierkämpfer in der Arena, und präsentiert seinen entblößten Oberkörper – die drachentätowierte Brust und den adlergeschmückten Rücken – einem neugierigen Publikum.

Dann eröffnet er mit großen, theatralischen Bewegungen die Show. Er verscheucht die mit Kamera bewaffneten Touristen, denen er erst viel später mit herablassender Handbewegung den Start zur allgemeinen Knipserei freigibt.

Er kniet sich nieder, versinkt minutenlang in Meditation, tänzelt elegant wie ein Seilkünstler ein paar Schritte vor und ein paar zurück und beginnt mit seinen beinahe rituellen Handlungen.

Er ergreift eine der Flaschen, die auf dem Boden stehen, und trinkt in langsamen Schlucken Benzin, so wie andere Leute Bier trinken. Die Flüssigkeit behält er im Mund, dann entzündet er eine Fackel, während die Menge um ihn teils ehrfürchtig staunend erschauert, teils respektlos grinsend johlt. Der Mann wischt sich jetzt mit einem schmutzigen Tuch den Schweiß von der Stirn, vollführt eindrucksvolle, pantomimische Gesten und Gebärden der Angst und Panik, schnaubt wie ein nervöses Ross und hält die Fackel vor den Mund, aus dem der Atem strömt; und dann trinkt er wieder aus der Flasche und bläst erneut und immer wieder und wieder, bis er sich schließlich als Höhepunkt die brennende Fackel tief in den Rachen stößt.

Die Menschen schreien jetzt und feuern den Feuerschlucker an und sie jubeln und lachen und werfen ihm silberne Eurostücke und kupferfarbene Cents in den schäbigen schwarzen Hut.

Als er mit der Vorstellung fertig ist, prasselt noch immer der Geldsegen auf ihn nieder, aber jetzt sind auch blecherne Knöpfe darunter und verbogene Kronenkorken, alte D-Mark-Pfennige und allerlei Münzen in fremden Währungen.

Da wird der Feuerschlucker zuerst böse und schimpft und gestikuliert; dann werden seine Bewegungen unsicher, hilflos fast, und sein Lächeln wird müde und traurig.

Doch da gehen sie bereits, die Touristen, die vorher um ihn herumstanden, und es kommen neue. Kinder bestürmen ihre Eltern, damit sie ebenfalls stehen bleiben und zuschauen.

Da wird aus dem müden Lächeln des Feuerschluckers auf dem Frankfurter Opernplatz ein herausforderndes Lachen. Der Mann mit dem Drachen auf der Brust und dem Adler auf dem Rücken gibt sich einen Ruck und fängt mit seinem Spiel von vorne an.

Die „Kö" – eine Höchster Straße

Eine Straße beschreiben. Von einer Straße erzählen. Ihr Gesicht beleuchten, die schöne und die hässliche Seite. Ihre Falten, Furchen, Lebenslinien nachzeichnen. Ihre Kanten und Ecken fühlen, die Brüche und den Neubeginn. Spurensuche.

Die Königsteiner Straße. Verkehrsweg, Einkaufsmeile und Kurpromenade.

In die Zeit zwischen 1802 und 1866, als das Land Nassau Macht und Einfluss erringt, fällt der Bau der großen Landstraße zwischen dem Frankfurter Stadtteil Höchst und der Taunusstadt Königstein – eine der längsten Straßen weit und breit, die die Felder und Wälder rund um die Orte Unterliederbach, Sulzbach, Bad Soden und Neuenhain durchschneidet.

Bei dem Bau der Straße fanden die Sandsteinfundamente des letzten Galgens Verwendung, an dem eine Kindsmörderin aufgeknüpft worden war und der dann zusammen mit den anderen Hinrichtungsstätten im Jahr 1816 abgeschafft wurde, ohne dass es irgendwelche Einwände dagegen gegeben hätte.

Geplant und abgesteckt war die Chaussee schon in Kurmainzer Zeit, von etwa 1770 an. Aber die Revolutions- und Befreiungskriege und die Heereszüge Napoleons verzögerten den Weiterbau bis in die Nassauische Zeit hinein.

Geschichte und Geschichten. Mit der Gründung der Farbwerke Hoechst, 1863, wurde der Grundstein einer bedeutenden Industriestadt gelegt und wenig später marschierten schon „Rotfabriker" der frühen Jahre über das Pflaster der Königsteiner. Das erste Haus, das an der neuen Straße entstand, war das „Batzenhaus" in Neuenhain, ein bekanntes Gasthaus, das schon Herrn Bismarck Speis, Trank und Logis bot. In seiner Nachbarschaft errichtete ein Fräulein Maria Hildebrandt ein Erziehungsinstitut für adelige Damen und bald hielten in der Königsteiner herrschaftliche Pferdekutschen, um regierende Könige samt ihren Gemahlinnen hierher zu bringen, damit die ihre Prinzessinnen-Teenagertöchter besuchen konnten.

Nach dem Tod des Fräuleins wurde aus dem prächtigen Palais ein Arbeitererholungsheim, das „Anstalt" genannt wurde, und aus dieser Anstalt mit ihren Erkern, Türmchen, Säulen und schnörkeligen Balustraden entstand im 1. Weltkrieg ein Lazarett. Ein paar Schritte davon entfernt gründeten fromme Schwestern an der Königsteiner Straße im jetzigen Bad Soden das Erholungsheim „Gottestreu" und an der unteren Westseite baute der begüterte Frankfurter Weinhändler Emil Schmidt für sich und seine Frau Victoria die elegante Villa „Mon Repos".

Die Königsteiner Straße, die an Sulzbach vorbeiführt, streifte ein Dorf, das damals „Käsbach" hieß, weil die Bauersfrauen sich auf die Herstellung eines trefflichen Handkäses verstanden. Noch heute erinnert in der Ortsmitte eine kleine Skulptur der Künstlerin Hannelore Tegeder an diese bäuerliche Tradition, die leider nie mehr aufgenommen wurde.

Der idyllische Ort, Sonntagsausflugsziel zahlreicher Höchster Bürger, lag inmitten von Wiesen und Feldern, und an die viel befahrene B8 und an die gesegneten Pfründen eines späteren Einkaufsparadieses mit Konsumpalästen und Kinogiganten, dem Rhein-Main Center, dachte in jener Zeit noch kein einziger Sulzbacher auch nur im Traum.

Die Königsteiner in Höchst. Tagtäglich eine Straße der 1001 großen und kleinen Schritte. „Rutsch" nannten die Flaneure in den zwanziger Jahren ihren Bummel-Boulevard. Und als die Leute reicher und die Läden vornehmer wurden, hieß die Straße „Kö". Zahlreiche Schmuckgeschäfte, Bäcker- und Metzgerläden und gemütliche Cafés mit reich verzierten Torten und Kuchen, mit Tüllgardinen, Samtsesselchen und viel Plüsch entzückten die Pistengänger von damals. Die Schuhsalons auf der Königsteiner waren zu jener Zeit eine Besonderheit, denn in der Nähe des Höchster Bahnhofs gab es die Schuhfabrik Ada-Ada und die belieferte auch den Laden von Oker, wo als Attraktion ein großer grauer Kasten stand, mit dem die Füße geröntgt wurden, damit die Verkäuferinnen wussten, ob Schuhe wirklich passten. Vor allem die kleinen Mädchen und Buben starrten jedes Mal fasziniert auf das Skelett ihrer Füße – heute undenkbar und längst verboten.

Die Kinderaugen strahlten auch über „Lurchi", den gelb-schwarzen Salamander, der nach jedem Einkauf zusammen mit einem kleinen Heftchen überreicht wurde.

Ein scharfer Schnitt: Die Königsteiner als Parade- und Aufmarschstraße der Nazis. Das dumpfe Dröhnen von Springerstiefeln.

Am 1. April 1933 schreibt die Lokalpresse: „Die Maßnahmen zur Durchführung des Boykotts der jüdischen Geschäfte vollzogen sich in Höchst mit voller Wucht, aber in vollständiger Ruhe und Ordnung. In der Königsteiner Straße hatten sich zahlreiche Menschen eingefunden, die lernen wollten, ‚wie man Geschäfte schließt'. Mit welcher Einfachheit dies vonstattenging, hätten wohl die meisten nicht geglaubt. Kurz vor der angesetzten Zeit erschienen SA-und SS-Leute, postierten sich vor den Ladeneingängen und stellten Schilder auf mit der Aufschrift: ‚Juda hetzt gegen das erwachte Deutschland. Kauft nicht bei Juden!'

Niemand störte die Leute und das war auch gut so. Die meisten jüdischen Geschäfte schlossen ihre Läden vollständig, einige hatten überhaupt nicht geöffnet. Die Polizei hatte lediglich etwas Arbeit mit der Verkehrsregelung, da es zeitweilig auf der Königsteiner zu kleinen Stockungen kam ..."

Soweit die Zitate aus dem Zeitungsartikel.

Vernichtet, ausgelöscht und in die Vergangenheit abgedrängt sollten sie werden, die beliebten und bekannten jüdischen Geschäfte in der Königsteiner

Straße. Die Erinnerungen daran lassen sich freilich nicht einfach wegwischen, sind unverwüstlich wie alte, zerfledderte Stadtpläne. Die Erinnerungen an den Bäcker Karl Hirsch zum Beispiel, der dienstags und donnerstags das Matzenbrot verkaufte und auch christliche Weihnachtsplätzchen anbot und Nikolaus-Männer aus Schokolade.

Die Erinnerungen an das Konfektionshaus Hugo Levy, Ecke Taunusstraße; an das berühmte Kaufhaus Schiff, Mäzene und Wohltäter ihrer Zeit; an die Würzburgers, Mathilde und Julius, Fachleute für Bekleidung; an den Gustav Carsch, Spezialist für feine Herrenmoden; an das Warenhaus Wolf und an den Gemischtwarenhändler Hammerschlag.

Sie alle repräsentierten viele Jahre jüdischen Lebens in Höchst. Und die Königsteiner Straße spielte in diesem Leben eine besondere Rolle.

Die „Kö" nach dem 2. Weltkrieg. Nachkriegsarchitektur, hektische Geschäftigkeit. Plattenbauten und Kunststoff-Fenster. Cafés, die zu Eisdielen werden, Sonnenstudios, Drogeriemärkte, Billigläden, eine Kneipe am Eck, ein Wirtshaus mit Jägerschnitzel und italienischer Nudelsuppe. Aber auch die alte Buchhandlung Pfeifer mit ihrem Antiquariat und ihren skurrilen beiden Inhabern, die jedes Buch kennen und finden.

Die Hausnummern zwei, vier und sechs. Häuser der Jahrhundertwende mit Sandsteinornamenten, Fresken und Stuckverzierungen. Gediegene Bürgerlichkeit mit langsam abblätterndem Putz.

Aufbrüche und Zeitsprünge.

Den legendären Schupo von der Kö, den alle wegen seiner theatralischen Armgymnastik nur den „sterbenden Schwan" nannten, gibt es längst nicht mehr. Auch der Zeitungskiosk von Tante „Lotte" ist lange schon verschwunden.

Die Königsteiner wird zur Fußgängerzone, zu einer City, wo das pulsierende Herz einer Industriestadt schlägt. Obelisken flankieren den Ein- und den Ausgang in die moderne Konsumwelt der Farbenstadt, ein anderer Rhythmus dirigiert jetzt die Schritte der Bummler, neue Läden siedeln sich an, dem alten Gesicht der „Kö" wird ein neues Makeup verpasst.

Szenenwechsel. Die Königsteiner als Lebensader. Ein bisschen Hanauer Landstraßenfeeling, ein Forum für heimatliche Gefühle. Nachbarn, die seit Generationen hier wohnen und arbeiten. Arztpraxen und Apotheken, vom Vater auf den Sohn vererbt, Boutiquen und Bäckerläden, die schon Jubiläen feiern konnten, historische Gaststuben und eine Hähnchenbraterei aus den Sechzigern.

Namen und Adressen: Dieter Schmiedel, Schauspieler beim Frankfurter Volkstheater, studiert hier seine Rollentexte. Graphiker und Werbeleute brüten über originellen Entwürfen, ein Drehorgelbauer, der nie interviewt werden wollte, hat lange die Fantasie beschäftigt.

Das Höchster Ballettzentrum, das einzige weit und breit, logiert an der Königsteiner Nr. 47, der

Bildungsschuppen in der Hausnummer 49 und die Werkstatt eines Restaurators und Schreinermeisters liegt in einem romantischen Hinterhof der „Kö".

Der Holzfachmann Wolfgang Grün hat vor Jahren die sechzig wertvollen antiken Einrichtungsprunkstücke aus dem Bolongaropalast prächtig „aufgemöbelt" – mit Schellack und Knochenleim, den er auf dem Flohmarkt ergattert hatte.

Doch dann ändert sich das Gesicht der „Kö" erneut.

1999 wird der größte Arbeitgeber der Farbenstadt, die Firma Hoechst AG, zerschlagen und das Werksgelände zu einem Industriepark umfunktioniert.

Fassungslos und bestürzt verfolgen Belegschaft und Bewohner das Geschehen. In die Resignation und in die Wut der Mitarbeiter und ihrer Familien mischen sich Trauer und Wehmut und die Erinnerungen an „ihre" alte Rotfabrik. Noch lange werden sie auf der Suche sein nach der verlorenen Zeit.

Höchst aber erleidet eine Wandlung hin zum Negativen, die freilich schon begann, als das früher zuständige Landratsamt und jetzige Kreishaus nach Hofheim verlegt wurde.

Der Niedergang eines traditionsreichen Stadtteils.

Das Kaufhaus Hertie schließt seine Pforten und wird abgerissen. Andere renommierte Geschäfte folgen. Die Königsteiner als Wohnstraße ist nicht mehr attraktiv, viele Höchster Bürger zieht es in den Taunus. Noch mehr alteingesessene Läden müssen schließen, weil ihre Kunden zum Einkauf ins nahe Main-Taunus-Zentrum strömen. Billigläden, Bierkneipen und Kebabrestaurants halten Einzug in die Königsteiner Straße, Hauswände tragen fragwürdige Parolen, Hinterhöfe vergammeln, Tauben fliegen durch zerborstene Fenster, arbeitslose Jugendliche ziehen gelangweilt um Häuserblocks, meist in latenter Gewaltbereitschaft. Viele Menschen mit Migrationshintergrund bevölkern den Frankfurter Stadtteil; über 50 Prozent beträgt der Anteil der ausländischen Mitbürger.

Es fallen Worte wie Verödung und Slum-Situation der City, es formiert sich ein Freundeskreis, der für bessere Zeiten zu kämpfen bereit ist, und eine Interessensgemeinschaft Höchster Geschäftsleute gründet sich, um den Quartieren ihren Glanz wiederzugeben.

Langsam ändert sich das Antlitz der alten Dame. Zwischen den türkischen Warenhäusern, die das Bild der Königsteiner prägten, eröffnen neue Cafésstuben und kleine Bistros. Blumen und Bänke werden aufgestellt und verschönern die „Kö". Familien, Hausfrauen, die vom Markt kommen, Mütter mit Kindern, Rentner, Spaziergänger, Piercingmädchen, sie alle sitzen an schönen Tagen unter Sonnenschirmen mitten auf der Straße, essen Eis oder trinken einen Cappuccino und betrachten das pulsierende Leben. Wie eine Verheißung steht am Eingang zur „Kö", auf dem neu gestylten Dalbergplatz, die „Windsbraut", eine Stahlskulptur der Frankfurter Bildhauerin Nele, die frischen Wind in die alte Straße wehen soll und schon nach kurzer Zeit zu einer Symbolfigur geworden ist.

Spätestens nach der Bahnunterführung kommen dann noch einmal Erinnerungen hoch und gleichen sich die Bilder von gestern und heute.

In Richtung Unterliederbach wird die Königsteiner zur Lindenallee und Carlheinz Döring wird präsent. Ein großer hagerer grauhaariger Mann, der schon ein Baumfreund war und erbittert um sie kämpfte, als es Profi-Naturschützer noch nicht gab und die „Grünen" noch gar nicht erfunden waren.

Ein Verrückter war er, ein Besessener, der im Alleingang in einer privaten Rettungsaktion damit begann, die 120 mächtigen Lindenbäume der Königsteiner wieder „auf die Beine" zu stellen, sie vor einem langsamen Erstickungssterben durch den Asphalt zu retten. Der Rentner und gelernte Landschaftsgärtner, der irgendwann einmal aus dem Nichts auftauchte und wohl durch das soziale Raster ins Abseits gerutscht war, fragte niemanden um Erlaubnis. An einem Morgen war er plötzlich mit Spaten und Pickel erschienen, hatte die Bürgersteinkanten aufgehackt und große Gräben gezogen, um das Erdreich aufzulockern. Man schickte ihm die Polizei auf den Hals und Fotografen und Reporter aus anderen Städten wurden auf ihn aufmerksam und berichteten über seine einsamen Baum-Bemühungen. Es gab aber auch Zeitgenossen, die nicht zornig, sondern nachdenklich wurden und spätere Baumpatenschaften für „ihren" Lindenbaum vor der Haustür übernahmen. Der damalige OB Rudi Arndt schickte Geld und eine offizielle Belobigung und eine Gruppe gerade erst gegründeter Umweltschützer war so beeindruckt, dass sie die erste Bürgerinitiative in Höchst ins Leben rief.

In den folgenden Jahren wurde Döring der Schrecken aller Ämter und Behörden. Oft schlug der hartnäckige alte Mann über die Stränge in seinem Fanatismus und in seiner fast krankhaften Liebe zu den Bäumen, seinen Schützlingen. Mit dem Frankfurter Gartenamt lag er im Dauerclinch und doch hat Döring unendlich viel bewirkt, hat verkrustete Mechanismen aufgeweicht, hat durch sein Beispiel einen schwerfälligen bürokratischen Apparat in Bewegung gebracht. Fortan wurden die Baumschutzvorschriften beachtet, Baumscheiben wurden eingeführt und Hinderungspfosten aufgestellt, die das Parken der Autos unmöglich machten. Die ältesten Lindenbäume in der Königsteiner Straße konnte der Rentner dennoch nicht retten. Auch eine Resolution der Unterliederbacher Bürger blieb ohne Erfolg. Nach und nach wurden die meisten Bäume mit einem roten Punkt versehen, untrügliches Zeichen für ihr Todes- und Fällurteil. An ihre Stelle wurden junge Bäumchen gepflanzt, die inzwischen schon wieder zu stattlichen grünen Freunden geworden sind.

Carlheinz Döring aber wanderte nach Bayern aus. Denjenigen Menschen, die seine Sorge um die Straßenbäume teilten, schickte er dann und wann noch ein Lebenszeichen. Dann aber hörte man nichts mehr von ihm.

Der Übergang von Höchst nach Unterliederbach vollzieht sich fließend.

Supermärkte machen sich hier jetzt gegenseitig Konkurrenz, der Verkehrslärm brüllt Tag und Nacht und im Sommer des Jahres 1980 muss das alte Haus mit der Nummer 74 dran glauben.

Irgendwann ist der Kran plötzlich da. Graben sich die Baggerzähne tief in die Mauern des alten Hauses, schlagen offene Wunden, fressen Stein für Stein, reißen die Erinnerungen von hundert Jahren und mehr heraus und verschlucken sie. Nach ein paar Tagen ist vom alten Haus nichts mehr übrig. Ein Trümmerhaufen nur, eine schmutzige Leere, verblassende Fotografien in der Schublade einer Kommode.

Es war nie eine Schönheit, das alte Haus, besaß keine Schnörkel, keine Stil-Ornamente, keine klassische Fassade. Es war ein grundsolider Bau mit schweren Wänden und einem Gewölbekeller, in den sich die Bewohner des Hauses in den Kriegsnächten geflüchtet hatten und der immer schon zur Lagerung von Äpfeln und Wein genutzt worden war, von Gläsern mit Birnenkompott und Pflaumen.

Das alte Haus war in den frühen siebziger Jahren des vorigen Jahrhunderts von den Brüdern Butzer gebaut worden, die auch den Altar der evangelischen Stadtkirche entworfen hatten. Eine angesehene Familie. Der eine Bruder war Bürgermeister von Neuenhain, der andere ein Professor, der dritte Schreinermeister. Die Schaukelpferde, die er in Handarbeit fertigte, standen einst in Reih und Glied im großen Hof und lockten die Nachbarskinder in hellen Scharen an.

Überhaupt die Kinder. Sie waren hier immer schon gern gesehen. Auch später, als der Schreiner Peter Mentz das Haus und den Hof und den großen Garten von den Butzers kaufte. Die drei Mentz-Kinder spielten mit den Buben und Mädchen von halb Unterliederbach. Hof und Garten gingen ineinander über und waren mit ihren unzähligen Obstbäumen, Büschen und Hecken ein einziges verwunschenes Kinderglück.

Im hinteren Teil des Hofes gab es ein Gartenhäuschen mit Bänken und Tischen, wo der Großvater und die Großmutter an heißen Sommertagen mit der Metzgersfrau und Nachbarin von nebenan zusammensaßen.

Wochentags gehörte der Pavillon den Kindern und ihren Freunden und Spielen. Später wurde der riesige Garten unterteilt. Ein Gärtner kam, stellte Brunnentröge auf und baute Gewächshäuser. Legte Beete an und pflanzte Blumenrabatten. In der Weihnachtszeit verkaufte er Tannenbäume, die im großen Hof übereinander gestapelt lagen und hinter denen sich die Kinder versteckten.

Dann kam der Krieg. Eine der ersten Brandbomben fiel auf das alte Haus in der Königsteiner Straße 74. Der Vater und die jüngste Tochter entdeckten das Feuer im Dachgeschoß. Eine Weile darauf zerstörte eine zweite Bombe die Werkstatt und die Lagerhallen. Meterhoch loderten damals die Flammen, die in den Holzvorräten überreichliche Nahrung fanden und viele Schaulustige anlockten.

Nach dem Krieg starben schon bald der Großvater und die Großmutter. Der Sohn und die eine

Tochter blieben im Haus. Ihre Kinder – die Enkel – spielten jetzt im nunmehr gepflasterten Hof Fußball oder Tischtennis und wieder 20 Jahre später schob die Urenkelin den Puppenwagen über holprige mit Gras bewachsene Wege und Kiesrabatten.

Vor zwei Jahren wurde der Garten zubetoniert und in Parkplätze für das nahe Krankenhaus verwandelt. Im verbliebenen Rest vom alten Garten sammelte sich Gerümpel an: ausrangierte Matratzen, ein verrostetes Kinderbett. Der mächtige Nussbaum trug auch in diesen Jahren noch dickschalige Früchte und der Holunderbusch war schwarz voll Beeren.

Die Bewohner des alten Hauses sind ausgezogen. Sie haben das Haus und den Platz drum herum an eine Autofirma verkauft. Und der war das alte Haus im Wege. Statt seiner sollten moderne und funktionelle Ausstellungsräume entstehen. Für chromblitzende Wagen mit vielen Pferdestärken unter der Haube.

Das alte Haus musste dran glauben. Nichts wird künftig darauf hindeuten, dass es einst hier stand – auf grundsoliden Fundamenten.

Ade, altes Haus, leb wohl! Nur in der Erinnerung wirst du weiter hier stehen – schmucklos und schlicht in deinem Äußeren – aber mit viel Herz und Gemüt.

Das einzige Gotteshaus, das direkt an der Königsteiner Straße liegt, ist die Unterliederbacher St. Johannes Kirche, die schon lange ihr hundertjähriges Bestehen feiern konnte. Ihr Gründer, der berühmte

Pfarrer Emil Siering, gab der benachbarten Sieringstraße seinen Namen.

Einige Meter davon entfernt steht das imposante Fabrikgebäude der ehemaligen Schokoladenfirma Krapf und Arnold. Wer die Augen schließt, vermeint noch immer den süßlichen Duft ihrer Leckereien zu riechen.

Ansehnliche Häuser der Jahrhundertwende stehen am Ende der Königsteiner, ehe sie zur Ausfallstraße Richtung Königstein wird und am fünfundvierzigjährigen Main-Taunus-Zentrum vorbeiführt, das nach wie vor Käufermassen wie ein Magnet anzieht, schon wieder zu klein geworden ist und bald erweitert werden soll.

Erst in Bad Soden wird die Straße wieder jung, fängt mit der Hausnummer 1 an, wird zur lauten und lebhaften Einkaufsstraße (früher Kurpromenade) hin zum Kurpark, wo jetzt buntes Laub unter den Füßen raschelt, im Sommer aber die Kurgäste der Rhapsody in Blue oder den ungarischen Tänzen lauschen können; wo beim jährlichen Sommerfest Tausende von Lichtern erglühen, wo Efeu an alten Bäumen hochwächst, wo der Schwefelbrunnen sprudelt, leicht abführend und harntreibend, und der Wilhelmsbrunnen plätschert, der so salzig schmeckt wie ein Salzhering.

White Christmas

Ein Supermarkt in Sachsenhausen. Rechts die Brottheke mit den frischen Backwaren. Eine Wespe umschwirrt den Zwetschgenkuchen, eine Kundin möchte zwei Croissants und ein Baguette, ein alter Mann bezahlt umständlich drei Euro in kleinen Münzen und das Baby auf dem Arm der Mutter versucht, sich ein ganzes Schokoladenhörnchen in den Mund zu stopfen.

In der Ecke stapeln sich Blumen in einem Eimer: Rote und gelbe Rosen zwischen bunten Fertigsträußen, die schon welk geworden sind.

Die Kundin, auf dem Weg zum Obst, zu Äpfeln, Birnen und Bananen, fährt mit ihrem Wagen in Schlangenlinien um Zeitgenossen herum, die ihr den Weg versperren, weil sie genussvoll in Gartenmagazinen und Zeitungen blättern.

Wenig später steht die Einkäuferin vor den Regalen mit Milch, Butter, Joghurt und Quark. Dann wandert sie weiter zu den sauren Sachen, greift nach einem Glas Gurken, packt eine Tube Bio-Senf in ihr Wägelchen und will sich gerade der Käsetheke zuwenden, als ihr Blick eine Reihe von Produkten streift, die sie gestern hier noch nicht bemerkt hat.

Sie tritt einen Schritt näher. Sie sieht: Original Aachener Printen in glänzendem Sternchenpapier, braune Lebkuchen mit weißem Zuckerguss in Packungen mit der Aufschrift „Frohe Festtage" und Butterplätzchen in Schachteln, auf denen kleine Engelchen Kerzen in den Händen halten.

Als sie sich die Augen wischt und etwas benommen in eine andere Richtung schaut, liest sie auf einem Hinweisschild vor ihr: „In Kürze treffen polnische Gänse ein!"

Verstört verlässt die Kundin den Supermarkt. Draußen ist der Himmel blau, die Sonne scheint und Schwalben jagen sich in den Lüften. Die Menschen tragen T-Shirts mit kurzen Ärmeln und beladen ihre Autos mit Wasserkästen.

Es ist der 31. August.

Shalom Israel

Frankfurt-Flughafen, Abflughalle der EL AL. Eilig umherhastende Juden mit Schläfenlocken, Börsenmänner mit Aktenköfferchen, aufgeregte Bildungsbürger, die sich um ihren streng wirkenden Führer drängen (vielleicht ein pensionierter Studienrat aus dem Nordend?) und in einer Ecke eine kleine Pilgergruppe aus Niederbayern: Männer mit schwieligen Händen und steifen Hüten. Die Frauen, rotgesichtige Bäuerinnen, stumm vor Erwartung, halten eine Mutter Gottes aus Gips fest an sich gepresst, in lila Tüll gehüllt und in Gold und Blau unter einer Regenschutzhülle aus Plastik.

Mitten drin die Freunde Frankfurts, die auf dem Weg nach Israel sind, um die lange schon bestehende Partnerschaft zwischen Tel Aviv und der Mainmetropole wieder einmal zu vertiefen und – als Nebeneffekt – die berühmte Bauhaus-Architektur der Mittelmeerstadt zu studieren.

TEL AVIV, Flughafenplatz Ben Gurion.

Alle, die heute früh in Frankfurt aufgebrochen sind, um „ihr“ ganz persönliches Israel zu suchen und zu finden, wirbeln noch einmal durcheinander, ehe sich ihre Wege trennen.

Die frommen Leute aus dem Bayerischen scharen sich um eine Ordensschwester und warten auf den

Bus nach Jerusalem, die kulturbeflissenen Damen und Herren werden in einzelne Gruppen unterteilt, die Juden mit Schläfenlocken begrüßen lautstark ein paar Frauen in langen Gewändern, deren Haare als Zopf um den Kopf geschlungen sind.

Die Freunde Frankfurts fahren durch die Allenby Street in Tel Aviv zum Orientalischen Markt. Wie aus einem Kinderbuch entsprungen, sehen sie am Rande des Highways ihr erstes Kamel, das ernst und würdevoll und reich geschmückt vor ihnen steht.

Dann Kultur pur: Das Nationaltheater, das Tel Aviv Museum, das Eretz Israel Museum, die Ausgrabungsstätten am Nordufer des Yarkon und die ersten schneeweißen Fassaden der Bauhausbauten rings um den Dizengoff-Platz.

Es dämmert, als sie am Meer ankommen. Aus Jaffa schimmern die Lichter herüber. Es ist Freitag, der Vorabend des Sabbats, und am Strand singen und tanzen ausgelassen die Menschen. Eine heitere Stimmung, der sich auch die Freunde Frankfurts nicht entziehen können.

Irgendwann spricht sie ein alter Mann an. „Sind Sie Deutsche?" „Wo kommen Sie her?"

„Aus Frankfurt, das ist interessant, ich kenne Frankfurt!"

Und dann erzählt er, dass er jetzt in Jerusalem lebt. „Und früher habe ich eine Zeit lang in der Stadt gewohnt, die Hitler extra für uns Juden gebaut hat!"

Einige aus der Frankfurter Gruppe schauen sich ratlos an, ihre Frage hängt in der Luft. „Theresienstadt", sagt der alte Mann.

Rumpelstilzchen

Die Zeitungsnotiz will einem nicht aus dem Kopf gehen. Drei, vier lapidare Sätze. Ein alter Mann ist tot. Sie fanden ihn am frühen Sonntagmorgen. Der Körper von der Kälte erstarrt. Erfroren? Die Nachbarn kannten ihn. Auch wenn sie nicht wussten, woher er kam. Tagsüber saß er immer im Nizza, unten am Main, auf dieser Bank in der Anlage. Den Kopf nach unten geneigt. Irgendwann war er zum ersten Mal aufgetaucht. Man nahm ihn hin. Ein Bettler halt. Ein Asozialer, wie viele sagen. Einige Nachbarn nannten ihn einfach Rumpelstilzchen. Weil er klein war, einen Bart trug und gebückt ging.

Ein Mädchen steckte ihm hin und wieder ein Geldstück zu. In der letzten Zeit konnte man ihn oft am Höchster Bahnhof sehen. Er trank Schnaps. Natürlich. Eine Frau erkannte ihn wieder, als er am Kiosk stand. Ein graues, armseliges Bündel Mensch, den alten Hut tief ins Gesicht gezogen. So, als wollte er alles abwehren, was ihn bedrückt.

„Ich habe gezögert", erinnert sie sich, „ich wollte ihn mit in die Wohnung nehmen, damit er sich wärmen, etwas essen könne. Ich wollte ihm einen Wintermantel schenken …" Sie redet sich jetzt ein, dass er wohl ohnedies nicht mitgekommen wäre.

Ob sich je einer wirklich um ihn bemüht hat? Am Montag las man von seinem Tod. Ein kalter, einsamer Tod auf der Parkbank. Unbemerkt, ganz allein war ein Mensch gestorben. Während sich die anderen von den Strapazen eines verkaufsoffenen Samstags erholten.

Jung – mit 92 Jahren

Die alte weißhaarige Dame war keine bequeme Kundin. Sie ließ sich von der jungen, hübschen Boutique-Verkäuferin in der Goethestraße Dutzende fein gestrickter Pullis zeigen und wählte mit Bedacht. „Ich denke an einen hellblauen, die Farbe würde gut zu meinem Haar passen", meinte sie. Die Verkäuferin nickte freundlich und zustimmend und hatte im Übrigen eine Himmelsgeduld mit ihrer kritischen Kundin. Munter plauderte diese drauflos. „Wissen Sie, ich wohne in einem Frankfurter Altersheim und meine Freundinnen sollen ruhig etwas zu tuscheln haben. Das hebt die Atmosphäre. Ich liebe das."

Einige Zeit danach konnte man sie bei einer Tasse Kaffee beobachten. Sichtlich genoss sie ihren geglückten Einkauf und dachte wohl an ihre Mitbewohnerinnen im Altersheim, und was die für Augen machen würden beim Anblick des himmelblauen Pullis.

Später sah man sie noch einmal. Sie saß auf der Bank an der Straßenbahnhaltestelle an der Paulskirche und unterhielt sich jetzt mit einer jüngeren Frau. „Man wird alt", meinte sie, „nun hat mich so ein Einkaufsbummel doch etwas angestrengt."

Wie alt sie sei, fragte die Frau. „Im März bin ich 92 geworden“, sagte die alte Dame und lächelte vergnügt.

Erinnerungen

In der Frühe fielen die Bäume auf dem Höchster Marktplatz.

Gespenstig, lautlos und eilig vollzog sich ihr Sterben. Nur die Frühaufsteher kriegten es mit, das Zerschneiden, Verpacken und Abtransportieren auf Lastwagen.

Der Höchster Marktplatz, in Großelterntagen Freund der Bäume, hat keinen Raum mehr für sie. Die Romantik ist dahin – aus – vorbei. Die Marktfrauen wandern nicht mehr mit dem Bündel auf dem Rücken einher, sondern kommen per Lieferwagen. Und Autos brauchen Platz.

An heißen Sommertagen war es kühl unter den Bäumen. Im Winter kam manchmal die Illusion einer verlorenen Kleinstadtidylle auf, mit allem, was dazugehört: einem Brunnen, an dem glitzernde Eiszapfen hingen, einem verschneiten Marktplatz und schneebedeckten Bäumen.

In Schweden gehen die Bürger auf die Straße. Sie protestieren, lassen es nicht zu, dass man ihnen die Bäume wegnimmt. Wir aber sind nicht in Schweden …

Sommersinfonie für Rasenmäher, Stichsäge und Heckenschere

Samstagnachmittag in Frankfurts grünen Stadtteilen.

Gartenglück im Liegestuhl. Den Alltagsstress hinter sich lassen. Lesen, dösen, träumen. Bilder im Kopf, Gedanken auf die Reise schicken.

Dann plötzlich das Geräusch. Ein sonores Brummen zuerst. Als es schriller wird, stiebt ein Rotschwänzchen-Paar erschreckt vom Kräuterbeet hoch, reißt sich los von Liebstöckel, Lavendel und den Läusen.

Der Rasenmäher des Nachbarn ist in Aktion getreten. Ratternd und unbeirrt zieht er seine Bahnen. Wurde nicht erst vor fünf Tagen das grüne Paradies malträtiert?

Augen schließen, an etwas anderes denken. Endlich Stille, freilich nicht lange. Weiter hinten kreischt jetzt eine Säge, scheppert Metall, splittert Holz. Nur nicht nervös werden, das Buch in die Hand nehmen und entspannen.

Eine Weile ist es ganz ruhig. Ein leichter Wind kämmt die Grashalme, bläst einem versprengten Schmetterling Rückenwind zu. So lange, bis eigentümliche Klopfzeichen über Tannenwipfel und Trompetenblume wehen, regelmäßig, treffsicher und exakt, wie der Aufschlag bei einem Tischtennisspiel. Schwer zu lokalisieren, woher sie kommen. Aber sie nerven wie der berühmte Wassertropfen. Ping, Ping, unruhiges Warten auf das Pong, Pong, die Seele klopft im gleichmäßigen Rhythmus mit.

Dann wieder Stille. Gott sei Dank! Nur zwei Amseln, die in Stereo flöten. Bienen, die um den Lindenbaum herum summen. Wie schön es ist, in die Sonne zu blinzeln und den Wolken zuzuschauen, die sich inzwischen aufgetürmt haben wie die prallgeschüttelten Kissen einer bayerischen Pensionswirtin.

Nachdenken über die Qualität von Gartengeräuschen in unserer Zeit und aus fernen Tagen.

Dichterfürst Johann Wolfgang liebte als Jüngling 1769 das Getöse der Gewitter, die vom Main her aufzogen. Seine Sehnsucht entzündete sich am heiteren Gelächter der Nachbarn, die sich in ihren Gärten ergötzten, am Spiel der Kinder, am Lustwandel feiner Gesellschaften und an dem Rollen von Kegelkugeln.

Was war das? Kein heiteres Gelächter, dafür dringt ein lang gezogenes Zischen über Rosenbeete und kriechenden Knöterich. Nimmt ab, schwillt an. Der Nachbar von rechts, der mit dem alten weißen Kater, steht auf dem Dach seines Reihenhauses mit dem Bohrer in der Hand und trifft letzte Vorbereitungen für das Anbringen einer riesigen Satellitenschüssel. Irgendetwas scheint nicht zu klappen; der Mann wirkt ratlos, der Arbeitsvorgang wird abgebrochen. Dafür ein neuer Rasenmäher, diesmal von links, ein altersschwacher Kasten, den Schluckbeschwerden plagen und der husten und rülpsen kann. Gleichzeitig quietschende schnarrende Laute aus der Richtung von Herrn S. Muss er ausgerechnet heute seinen Jägerzaun neu streichen? Und dazu das Holz abschleifen?

Einfach ignorieren, nicht hinhören, tief einatmen, entspannen. In den Pausen, die Herr S. einlegt, ertönen Hammerschläge, die nicht einzuordnen sind. Kommen sie vom Eckhaus auf der anderen Straßenseite oder drüben von den Leuten mit der knallroten Markise? Egal, sie überdröhnen alles, sind quasi die Pauken in der Sommersinfonie für Rasenmäher und Stichsäge, Schlagbohrer und Heckenschere.

Ungebrochen ist die Kreativität der Hobbybastler und Häusle(um)bauer nach Feierabend und an den Wochenenden, wenn sie selbst dem Lärm in der City und am Arbeitsplatz entronnen sind. Ungebrochen auch der Drang von gestandenen „Bankern" und freizeitverkleideten Büromenschen, aus den Kellern zu kriechen und ihren Krach nach draußen zu verlegen, sobald die Lüfte lind geworden sind.

Jetzt spielen sie den letzten Satz der Heimwerkersinfonie. Noch einmal rattern furios die Motoren. Dann klatschen erste Tropfen vom Himmel, toben noch Kinder in einem Planschbecken, kichern und lachen vergnügt.

„Ruhe", brüllt jemand.

Brezel für Buddha

Die Tochter soll allein reisen und die Mutter hatte sie zum Hauptbahnhof gebracht. Sie waren viel zu früh gekommen und die Zeit dehnte sich endlos.

Schließlich kommt der Zug und die Mutter sucht ein passendes Abteil für ihr Kind, möglichst mit Frauen oder Ehepaaren mit Kindern.

Plötzlich stutzt sie und glaubt vor einem Wesen aus einer anderen Welt zu stehen: einem buddhistischen Mönch, gelb gekleidet, kahl geschoren, völlig versunken in Meditation – um ihn herum ohrenbetäubender Lärm und hektisches Durcheinander. Ihn, den Jünger Buddhas, in seiner konzentrierten Stille, scheint dies alles nicht zu stören.

Doch jetzt hört die Frau einzelne Wortfetzen. Der Mönch unterhält sich mit seinem Gegenüber. Er spricht von Frankfurt damals und von heute, mit sehr heller, klarer Stimme und in fast akzentfreiem Deutsch. Etwas von „Goethe" und „deutschem Kulturgut" ist zu verstehen, und dann scheint der Fremde von prosaischeren Dingen zu reden. Es geht um die „Frankfurter Breeezel" (er zieht das Wort wie einen störrischen Esel), die er einmal gegessen habe und die ihm so gut geschmeckt hätte.

Brezel? Die Frau wundert sich, wenn es noch Frankfurter Würstchen gewesen wären!

Während die Mutter ihre Tochter unterbringt, gehen ihr der Mann aus dem fernen Tibet nicht aus dem Sinn und sein Loblied auf die Brezel. Vage erinnert sie sich, am Kiosk in der Bahnhofshalle Brezeln gesehen zu haben, und eilt dorthin.

Sie hat Glück und erwischt eine der größten, schönsten und der Zug auf Gleis 12 steht auch noch da.

Im letzten Augenblick, bevor er sich in Bewegung setzt, findet sie auch den buddhistischen Mönch wieder und überreicht ihm die Brezel: „Einen schönen Gruß aus Frankfurt!"

In seinem Gesicht spiegelt sich grenzenloses Erstaunen. „Ja, danke, aber woher wissen Sie ...?", stammelt der Mönch verdutzt.

Doch die Spenderin ist schon längst wieder draußen, um dem fahrenden Zug und der langsam entschwindenden Tochter nachzuwinken.

Bekanntschaft bei Radieschen

Sie warteten beide auf ihren Bus. Die gemütliche, rundliche, tiefschwarz gekleidete Mama aus dem fernen Griechenland und die Hausfrau, die vom Höchster Markt gekommen war. Beim gemeinsamen Warten ergeben sich menschliche Kontakte oft von selbst.

Sie hätte fünf Kinder, sagte die Griechin. Und sie sei schon einige Jahre hier. Deutschland sei „gut zum Arbeiten". Ohne Übergang fragte sie plötzlich: „Wie ist Name für die kleine rote, runde Dinger, sehrrr scharf?"

Ratlosigkeit. Alle, die auf den Bus warten, denken angestrengt nach. Eine Frankfurterin sagte als Erste: „Meinen Sie vielleicht Radieschen?" „Ja – Radieschen", jubelt die Griechin, „so ist Name."

„Essen Sie gern Radieschen?", forscht die Frankfurterin.

„Oh ja, sehrr gern. Und meine Kinder auch!"

Die Deutsche zögert einen Augenblick, dann sagt sie: „Wissen Sie was? In ein paar Wochen ist unser Sommerfest bei den Kleingärtnern. Mit Würstchen vom Grill und Bier – und vielen frischen Radieschen. Ich lade Sie und Ihre Familie ein. Sie können sich satt essen an den kleinen roten Dingern!"

Das Letzte, was man sehen konnte, war das strahlende Gesicht der Frau aus Griechenland. Eifrig wurden Adressen auf Einkaufszettel gekritzelt. Dann kam der Bus. Ein junger Mann, der die kleine Szene mit leuchtenden Augen beobachtet hatte, meinte: „Ich bin richtig stolz auf die oft geschmähten deutschen Kleingärtner."

Der Außenseiter

Der Schauplatz: eine gepflegte Reihenhaussiedlung in einem Neubauviertel in Eschersheim. Die Gärten mustergültig angelegt. Rosenstöcke und Ziersträucher, grüner Rasen wie aus einem englischen Journal für Gartenarchitektur.

Plötzlich stutzt der Spaziergänger. Reibt sich die Augen. Glaubt zu träumen. Zwischen festlich aufgeputzten Reihen ein ordinärer Gemüsegarten. Mit Bohnen- und Tomatenstangen. Mit Salat, Kohlköpfen und – pfui Teufel – einem riesigen Komposthaufen.

Wahrhaftig, der oder die Besitzerin wird es schwer haben mit den Nachbarn von links und rechts, die sich schon eingeigelt haben unter hohen Sichtschutzhecken, sich distanzieren vom Gemüseanbauer. Soll man ihn bewundern oder bemitleiden?

Jedenfalls hat er Mut, Nonkonformist zu sein.

Ein Außenseiter in der uniformen Reihenhaus-Siedlungsgesellschaft.

Was – wem – wie viel?

Das sind die Tage der Frauen. Der abgespannten und gehetzten Frauen. Der nervösen und erschöpften.

Eine Riesenschlange Geschlechtsgenossinnen wälzt sich, schiebt sich, drückt sich und schlängelt sich durch Einkaufszentren, Straßen, Warenhäuser.

Man schaut in leere Gesichter, in typische „Was-soll-ich-bloß-schenken-Gesichter". In ungeduldige, müde Verkäuferinnengesichter.

In diesen Vorweihnachtstagen kann man Frauen begegnen, denen die nackte Angst aus den Augen spricht und denen offene Panik auf der Stirn geschrieben steht. Frauen, die an nichts anderes mehr denken können als „schenken – schenken – schenken, was – wem – wie viel!"

Die Konsumentinnen in den Läden – ratlos!!

Selten werden Kinder mehr gerügt, getadelt und beschimpft als in diesen Tagen. Angestaute Aggressionen werden plötzlich frei – Pech für die Sprösslinge. Das Ergebnis: zeternde Kinder an allen Straßenecken, deren Mütter sie wie störrische Esel hinter sich herziehen. Kinder, die erst unter dem Weihnachtsbaum wieder verhätschelt werden.

Weihnachten, Fest des Friedens oder der Weihnachtspsychose, alle Jahre wieder!

Leithammel

Jeder Tag der gleiche, aufregende Nervenkitzel. Werden sie es schaffen?

Junge Frauen mit kleinen Kindern an der Hand, kichernde Teenager, Körperbehinderte, Hausfrauen mit prall gefüllten Einkaufstaschen und sogar uralte Männer mit Stöcken versuchen, bei Rot die Straße zu überqueren.

Ältere Damen müssen im letzten Drittel wie Rehe vor den heranbrausenden Autos fliehen, viele sind buchstäblich schon um ihr Leben gerannt. Und doch zieht diese Straße die Fußgänger wie ein Magnet an: Nirgendwo sonst in der Stadt verhalten sie sich leichtsinniger als an der Stiftstraße/Ecke Zeil.

Es ist schon fast ein Phänomen, zu beobachten, wie die Leute, immer ungeduldiger werdend, aufs Grün warten. Einem Leithammel gleich, macht dann ein Voreiliger den Anfang und geht bei Rot los. Wie Schafe folgen ihm blind die anderen, keinen Augenblick an die Gefahren durch die sehr schnell heranfahrenden Autos denkend.

Was kann helfen? Vernunft? Aber die ist rar in Frankfurt, einer Stadt, die statt Scharfblick, Einsicht und Erkenntnis immer schon ambivalente Gefühle hervorgerufen hat.

Amseln und alte Bäume

Oasen der Ruhe mitten im Trubel, der Hektik und dem täglichen Lärm zu finden, scheint ein mühevolles, ja schon fast unmögliches Unterfangen zu sein.

Und doch gibt es sie noch, die Rückzugsgebiete, die kleinen Lufthol-Paradiese, Idyllen wie das versteckte Rasengrün mitten im Mertonviertel oder den verwunschenen, fast unbekannten Botanischen Garten im Westend.

Der Nieder Auenwald mit seinen Angelteichen, den seltenen Sumpfhühnern und den Tausenden von Buschwindröschen im Frühling, die bizarren, fremdartigen Schwanheimer Dünen und die Moorlandschaften des Enkheimer Rieds, sie alle sind selten gewordene Kraft-Orte für Körper und Geist; wie auch der Höchster Stadtpark mit seinen alten Bäumen und den Schwänen auf dem Weiher, der Bolongarogarten mit den Putten aus Sandstein und den Wasserspielen – eine Miniaturausgabe des Schwetzinger Schlossparks – und die romantische Anlage rund um das Höchster Schloss, wo man sich schon früh am Morgen zwischen Blumenrabatten, Rhododendron-Büschen und Heckenrosen erholen kann.

Wer die Ruhe wirklich sucht, findet sie. Findet sie in Oberrad hinter den Resten einer zugewucherten Mühle, findet sie auch im alten, verwilderten Graubnerpark in Unterliederbach und im Gärtchen der kleinen Dorfkirche, wo die Amsel auf der Turmspitze ihr Lied singt und sogar an Sommerabenden die Nachtigallen schlagen und wo man mit ein bisschen Glück samstagsmorgens dem Organisten zuhören kann, wenn er Bach-Fugen spielt.

Man lauscht und meint fast, die Stille greifen zu können, so unmittelbar ist sie, während ein paar Straßen weiter der Verkehr endlos braust und tost. Wagt man sich gar noch ein paar Schritte weiter und lässt die viel befahrene Autobahn an der Gagfah-Siedlung hinter sich, dann kommt man zu einem uralten Friedhof, der mit seinen verwitterten Steinen und den abgewaschenen Inschriften darauf wie ein Relikt aus verflossenen Tagen anmutet. Auch hier wieder die alten Bäume und jahrzehntelang gewachsenen Hecken und Sträucher, Skulpturen und Statuen, ein Hauch von Vergangenheit.

Leerlauf

Vor dem Metzgerladen steht das feuerrote neue Auto und stinkt zum Himmel. Der Besitzer ist weit und breit nicht zu sehen. Vielleicht verzehrt er drinnen in aller Ruhe Wurst und Weck?

Das Fahrzeug aber bläst solange den Umstehenden und den Fußgängern blaue stinkende Wolken ins Gesicht.

Die Leute, die am nahen Kiosk einkaufen, schimpfen und sind empört. „Eine Unverschämtheit", sagt einer, „hat der Kerl noch nie etwas von Umweltschutz gehört?"

So zetern sie und hätten vermutlich noch eine Zeit lang weiter gezetert, wäre nicht plötzlich eine Frau vorbeigekommen, die mit einem Blick die Situation erfasste. Sie ging zu dem neuen roten Auto, öffnete die Tür und drehte den Zündschlüssel herum.

„Ist doch ganz einfach", meinte sie und ging lächelnd weiter, während ein paar der Männer noch nicht so recht wussten, ob sie staunen oder lachen sollten.

Keine Vision

Sie tragen ihr Lächeln wie ihre Handtasche.

Für das Auto ist sofort ein freier Platz gefunden. Es gibt auch Parkuhren; zwei volle Stunden kosten einen Groschen. Die Stadt vereint Altes und Neues in Harmonie. Es riecht nach Blumen. Die Häuser sind geschmückt. In den breiten Straßen, für Autos gesperrt, vorbei an eleganten Geschäften, bummeln abends die Menschen.

Man kann auch noch einkaufen, wenn man will, denn die Läden sind geöffnet. Überall Pflanzen in Kästen, Schalen und kleinen Ampeln. Auf den freien Plätzen stehen Vogel-Volieren und der Gesang der Kanarien vermischt sich mit den Liedern und den Gitarrenklängen der Musikanten. Junge Leute am Straßenrand verkaufen handgewebte Tücher, Ledergürtel und Silberschmuck.

Die Stadt atmet Ruhe und Frieden. Sie ist großzügig, sauber und schön. Es herrscht kein Lärm, keine Hektik, keine Hetze, kein Stress. Frohe Menschen. Ein Traum, eine Vision von einer menschlichen Stadt?

Die Stadt heißt Rotterdam.

Kinderfreundlich

Hauptwache.

Die beiden älteren Frauen steigen in die S-Bahnlinie 1, die aus Offenbach kommend Richtung Wiesbaden rauscht.

Sie sind ein wenig unbeholfen. Man hat sie vorher schon umständlich mit vollen Einkaufstüten hantieren und mit Taschen und Paketen balancieren sehen, ehe sie am Fahrkartenautomaten ihre Brillen hervornestelten, um die Fahrpreise zu studieren.

In der Bahn finden sie einen Sitzplatz. Die Damen werden jetzt munterer, unterhalten sich. Sind glücklich, das Abenteuer „Einkaufen in der Stadt" mit allen Widrigkeiten des S- und U-Bahn-Fahrens, des Umsteigens, des Wartens und des sich Zurechtfindens überstanden zu haben.

Eine helle Stimme reißt sie aus ihrem Schwätzchen. „Fahrscheinkontrolle!"

Beide kramen in ihren Taschen, holen ihre Karten. Die Beamtin sieht sie sich lange an. „Ist was nicht in Ordnung?", fragt eine unsicher.

„Das kann man wohl sagen", lautet die Antwort. „Sie sind auf Kinderfahrscheinen gefahren!"

„Oh Gott", jammern die beiden, „wie ist das nur passiert? Wir haben sie uns doch vom Automaten geholt."

Und eine der beiden gibt zu bedenken: „Wir sehen halt nimmer so gut." Unglückliche, betretene Gesichter.

Da lächelt die Kontrolleurin: „Kindern kann ich eigentlich nicht böse sein. Kommen Sie gut nach Hause."

Ein paar Mitreisende rufen spontan „Bravo". Eine junge Frau klatscht Beifall. So gut wissen die Frankfurter, Fingerspitzengefühl zu honorieren.

In Gips gibt's Goethe bei Traudi nicht

In Traudi Steinbergers winzigem Laden spiegelt sich im Schaufenster das berühmte Haus. Traudi wohnt im Großen Hirschgraben und das berühmte Haus ist die Nummer 23.

Täglich sieht Traudi die Busse ankommen und beobachtet, wie die Besucher im 20. Jahrhundert aussteigen und ins 18. Jahrhundert hineingehen. Bei Traudi im kleinen Lädchen posiert der einstige Bewohner von Haus Nummer 23 unter seinesgleichen – im Lockenkranz, mit nachdenklichen Falten auf der hohen Denkerstirn und mit einem geheimnisvollen Lächeln um die Mundwinkel. Im Kopf hat er ein Loch und aus dem Loch wächst ihm ein weißer Docht, denn der Dichterfürst ist aus Wachs. Es gibt ihn in vier verschiedenen Farben, als Kerze oder bloß so zum Angucken und zum „auf die Kommode stellen".

Die Ladenglocke bimmelt dreimal und es scheppert ein bisschen, als ein Bub hereinkommt, der einen roten Goethe für die Oma zum Geburtstag kaufen will.

„In Rot geht er am besten", sagt Traudi und Traudi muss es ja schließlich wissen, denn sie ist die Herrin über die Herren Goethe in Wachs, und als sie das sagt, da werden die grünen Goethes bienenwachsgelb vor Neid und schielen hinüber zu den blauen und die blinzeln zu den roten, wo Traudi gerade einen aus dem Regal nimmt.

Sie zündet den weißen Faden auf seinem Haupt an. Und da beginnt es in den Geheimratsecken von innen heraus zu strahlen und zu schimmern, als ob er nicht schon zu Lebzeiten das Licht der Erleuchtung hinter der Stirn und die zündende Flamme des Geistes in sich getragen hätte.

Traudi, die Frau Steinberger heißt, ist zufrieden mit dem Souvenirgeschäft in der berühmten Straße, gegenüber dem berühmten Haus.

Mit einem Goethe in Gips hat sie nichts im Sinn, denn ihr Laden hat Niveau.

Aber weil sie mit der Mode gehen muss, liegen nahe dem fein gestichelten alten Herrn Geheimrat in Antik, der vorwurfsvoll grämlich aus dem Mahagonirahmen schaut, auch die weißen T-Shirts mit dem Poeten, die ihn zeigen, als er selbst noch ein Twen war. Schwarzes Zottelhaar hat er und weil Englisch modern ist, steht „I like Goethe“ auf dem Hemd – was so viel heißen soll wie „Ich mag ihn“, und zu haben ist er in drei Größen.

Der Mann, der den Faust geschrieben hat, findet auch als Jüngling auf Baumwolle reißenden Absatz.

Weil Traudi statt Kitsch lieber Krimskrams verkauft, hat sie einmal die Bierkrüge mit dem Dichter in Italien auf dem Zinndeckel in die hinterste Ecke verbannt.

Da standen sie eine Zeit lang und schämten sich unter ihresgleichen aus Wachs oder Stoff. Aber sie standen nicht lange. Fremde kamen, sahen sie mit scharfem Blick, zerrten sie zurück ins Tageslicht.

Nun stehen sie wieder neben dem vornehmen Herrn Geheimrat in den vier Farben und freuen sich mit Traudi, wenn die Ladenglocke scheppert.

Abschied

Die kleinen Geschäfte um die Ecke sind nicht mehr konkurrenzfähig, werden langsam verschluckt von Großmärkten und Einkaufszentren.

Vor einigen Tagen hauchte der gemütliche Bäckerladen im Nordend seinen Duft von frischem Brot und Brötchen aus. Die Bäckersleute haben bis zuletzt um ihre Existenz gekämpft. Aber am Ende mussten sie resignieren.

Der alte Meister ist krank und der Nachwuchs fehlt. Seit fast zwei Jahren habe man nach einer Mitarbeiterin gesucht, erzählt die Frau Bäckermeisterin.

In Zukunft wird dort etwas fehlen. Der vertraute Geruch warmen Brotes, noch im Steinofen gebacken und weit und breit begehrt. Die knusprig frischen Backwaren, schon in aller Herrgottsfrühe an die Haustür gebracht. Der hausgemachte Streusel- und Zwetschgenkuchen. Und die anderen Frankfurter Spezialitäten.

Die ehemalige Backstube ist schon leer und ausgeräumt. Den altmodischen Backtrog haben sich moderne junge Leute zur dekorativen Bereicherung ihres Gartens gesichert. In die frei gewordenen Räume zieht eine Filiale der Telekom.

Herbst

Hinter dem schütteren Laub die goldenen Blätter suchen.
Regen wie ferne Tränen an die Scheiben rinnen lassen.
Den Kranichen oben in den Wolken das Herz öffnen und die Seele mitziehen lassen.
Den Abglanz einer anderen Erde ins Wohnzimmer holen.
Und auf den Frühling warten.

Elstern

Sie hocken in Schrebergärten wehrlos im
flutenden Licht
Bauen die Nester kirchturmhoch in Tannen über
grauen Kaminen
Schlagendes Herz im Gefieder
Sei wachsam Krächzvogel, lass dich nicht vom
Falken schlagen
Und von Menschen in grauen Kitteln
Siehst du die schwarz-weiße Feder am kahlen
Geäst des alten Birnbaums
Pflücke sie ab, Bruder, und steck' sie dir an den
Hut
Der alte Birnbaum will keine Blüten mehr tragen
und keine schwarz-weißen Federn.

Ich wohne überall und nirgendwo

Er saß im Regen auf der Bank im Grüneburgpark. Neulich schlief er – der Kopf war ihm tief auf die Brust gesunken – gestern aber lächelte er stillvergnügt vor sich hin.

Sein Gesicht ist fleckig und grau wie der schäbige, abgewetzte Anzug, den er trägt.

Wo er wohl zu Hause ist? Ob er keine Unterkunft hat? Und ob er nicht friert?

„Ich wohne überall und nirgendwo", gibt er zur Antwort. „Ich bin glücklich dabei. Nur was die Kälte betrifft, das ist richtig, das ist schon manchmal sehr ungemütlich. Aber wenn es zu schlimm wird, dann ziehe ich ins ‚Hotel' nach Griesheim oder nach Rödelheim (gemeint sind die Männerwohnheime und Notunterkünfte der Stadt Frankfurt)."

„Ansonsten aber verkrieche ich mich irgendwo", sagt er, „es gibt genügend Schlupfwinkel in einer Stadt."

Im Frühjahr ist er auf Wanderschaft. Er liebt die Freiheit und nichts kann ihn dann noch halten. Vor Jahren hatte er einmal eine Katze und da Katzen nicht gern reisen, blieb auch er an seinem Stammplatz in Frankfurt.

Er heißt Karl („es tut nichts zur Sache, wie ich wirklich heiße, ich werde überall nur ‚Karl' gerufen") und er ist viel in der Welt herumgekommen.

Als er noch zur See fuhr, hat er in Istanbul gekellnert und sich in Südafrika mit vielfältigen Jobs durchgeschlagen.

Er war Hafenarbeiter in Piräus und Krankenpfleger in Neapel und ein Jahr lang lebte er als „Clochard“ unter den Brücken von Paris.

„Dort findet man die besten Kumpels“, erinnert er sich. „Wir waren wie eine einzige Familie!“

Beim Stichwort „Familie“ wird er nachdenklich. In jungen Jahren war er verheiratet, seine Frau war Köchin, hat auch für ihn immer gut gekocht, aber die Ehe hat nicht lange gehalten. „Ja, wenn ich vielleicht Kinder gehabt hätte …“

Der Mann, der sich „Karl“ nennt, ist ein Außenseiter unserer Gesellschaft. „Pennbruder“ sagen die Leute zu ihm oder „Asozialer“ und die Reaktionen der Bürger reichen von Unverständnis, Ignoranz und Ablehnung über offenen Abscheu, bis hin zu diffamierenden, beleidigenden Äußerungen.

Das ist eigentlich auch das Einzige, was ihn bei dem Leben, das er führt, bedrückt.

„Es gibt keine Liebe mehr unter den Menschen, keine Toleranz“, klagt er. „Ich tue niemandem was und doch werde ich oft behandelt wie ein Aussätziger.“

Jetzt, in den Wintermonaten, haben es Leute wie er schwer. Zu wenig öffentliche Wärmestuben, zu wenig Obdachlosenunterkünfte.

„Es wird so viel davon geredet und geschrieben, dass unsereins gern den Winter im warmen Knast verbringt", sagt Karl, „aber ich habe noch keinen meiner Kollegen getroffen, der freiwillig dorthin gegangen wäre."

So bleiben ihm und seinen Kumpels nur die Bänke in den Anlagen oder die kurze Wärme und Geborgenheit in einem der großen Kaufhäuser. Abends und nachts halten sich die Abgebrühtesten von ihnen in geheizten städtischen Toiletten auf – „berüchtigt" war jene an der Straßenbahnendhaltestelle in der Höchster Zuckschwerdtstraße.

Beliebt ist auch der Wartesaal des Höchster Bahnhofs. Die Wirtin am Bierausschank spricht von ihren „Stammkunden", die sich jeden Abend hier einfinden.

„Den Raum da hinten nennen wir unsere ‚Pennerecke'", sagt sie. „Da gibt es Typen, die kommen schon Jahre hierher. Viele von ihnen verhalten sich ruhig und unauffällig, andere randalieren und betrinken sich für den letzten Euro, den sie in der Tasche haben. Ab und zu ist auch eine Frau dabei."

Ob sie manchen ihrer „Gäste" persönlich kennt?

„Nein", sagt die Frau, „fremde Schicksale interessieren mich nicht!"

Der Hund

Der Hund, ein blond gelockter großer Afghane, stand fest wie ein Fels in der Brandung inmitten eines voll besetzten Straßenbahnzugs der Linie 12.

Leider aber stand er quer im Weg. Sein Frauchen versuchte, ihn in eine Ecke zu zerren. Sie zog und schob, sie bat ihn, sie flüsterte ihm Koseworte ins Ohr, dann schimpfte sie echt bayrisch: „Mistvieh, deppertes" – alles vergebens. Der Hund wich keinen Millimeter von seinem Stand-Punkt ab.

Die Fahrgäste zwängten und quetschten sich an ihm vorbei. Ein beherzter junger Mann stieg sogar über das haarige Hindernis.

Doch – oh Wunder – keiner verlor ein böses Wort. Keiner meckerte. Die meisten lächelten nur.

Als die Dame aus Bayern an der Haltestelle Rebstock ausstieg und der Hund folgsam mittrottete, drehte sie sich noch einmal um und sagte „Pfueti mit'nand – und vergelt's Gott! Die Preußen san doch wirklich tiernarrische Leut'!"

Zeitgenossen

Manchmal geht es hoch her an der Frankfurter „Meckerecke" an der Katharinenkirche. Einzelne Gruppen von Passanten reden sich die Köpfe heiß. Meinungen prallen hart aufeinander, es wird diskutiert, lautstark debattiert und man fühlt sich fast an die ehrwürdige Tradition eines Londoner Hyde-Parks erinnert.

Die Themen, die neulich erstaunlich fair und (fast) ohne Polemik behandelt wurden, reichten von den hohen Preisen seit der Einführung des Euro, über die schwindenden Rechte der Arbeitnehmer bis hin zu den Forderungen „deutsche Soldaten raus aus Afghanistan!".

Dazwischen lauschte man auf den leidenschaftlichen Appell eines rotgesichtigen Bayern, der seine Mitmenschen in eindringlichen Worten auf Umweltprobleme hinwies.

Etwas allerdings fiel auf: Die Redner kamen alle von auswärts. Man hörte schwäbische und bayerische Wortfetzen, rheinische und sächsische Laute. Die Berliner Schnauze war vertreten und zwei Hamburger stolperten nicht nur über spitze Steine. Drumherum eine Mauer von schweigenden, staunenden und stummen Zeitgenossen.

Echt frankforterisch aber babbelte kein Mensch. Hat es den Leuten am Main die Sprache verschlagen?

... und Kastanien haben weiße Kerzen aufgesetzt

Morgens der Regen. Wenig später ein blassblauer Himmel über Frankfurt.

Der alte Mann mit dem struppigen schwarzen Hund schlurft vorbei, um seine Zeitung zu kaufen.

Der Mann tut das jeden Tag um die gleiche Zeit; er ist gehbehindert und er braucht von der einen Ecke bis zu der anderen wohl eine Viertelstunde.

Der Hund hat sich dem Rhythmus seiner Schritte angepasst.

Über Nacht haben die Kastanien im Krankenhausgarten der Uni kleine weiße Kerzen aufgesteckt und die jungen Lindenbäume tragen grüne Blätter. Im Vorgarten des Dr. Z. blühen die Magnolienbäume. Die Leute bleiben vor der rosa schäumenden Pracht stehen.

Wieder reißen sie die Straßen auf. Das stählerne Maul des Baggers ergreift die Erde in großen Mengen und spuckt sie in die Lastwagen. Ganze Bündel von Leitungsrohren werden eingepflanzt. Über die Gruben sind Bohlen und Bretter gelegt.

Und die Fußgänger balancieren wie die Artisten im Tigerpalast.

In der Bergerstraße in Bornheim spielen ein paar Buben Fußball. Auf Bänken sitzen fußmüde Hausfrauen und alte Rentner, schauen ihnen zu oder füttern Großstadt-Spatzen und Amseln.

Jetzt sind die Tage der Stadtparkenten. Schülerinnen und Mütter mit Kinderwagen stehen vor dem Teich und kramen Brotreste aus Tüten hervor. Auch die Karpfen profitieren davon.

Auf dem Kinderspielplatz weint ein kleines, blondes Mädchen. Es hat Rollschuhe an und eine blutige Schramme auf seinem Knie.

Neben der Brücke sitzt ein junger, amerikanischer Soldat im Gras und spielt auf seiner Gitarre.

Die Kleingärtner, ein paar Schritte weiter, hantieren in ihren Mini-Gärten: grüne Rasenflecken mit bunten Blumentupfen zwischen Radieschen- und Salatbeeten.

Vor einem Kiosk sind sich zwei in die Haare geraten. Der Junge gibt als Erster nach: „Na, lass mal gut sein!"

In der Höchster Altstadt rosa und hellblaue Häuser, die in der Sonne leuchten. Im Kirchgärtchen von St. Justinus haben sie neben den Tulpenbeeten Kräuter angepflanzt und Gemüse. Bohnenstangen zwischen Beerensträuchern. Von der Mauer blickt man auf einen gelbbraunen schmutzigen Main. Auf der Schwanheimer Seite, am anderen Ufer, glitzert eine Flotte von schneeweißen Jachten wie in Nizza oder St. Tropez.

Die mächtigen Stämme tropischer Bäume, die einst unten am Hafen lagerten und immer ein bisschen Fernweh hervorriefen, sie sind verschwunden.

Auf dem Heimweg der schrille Schrei des Martinshornes.

Notarztwagen, Menschenauflauf an der Straßenecke. Ein Kind soll verletzt sein.

„Es hat nicht nach rechts und nicht nach links geschaut, es ist direkt ins Auto gelaufen", sagt eine ältere Frau.

Plötzlich fröstelt man!

Städte

Diese hellen Städte am Wasser
An den dunklen Fluten der Flüsse
Mit Seevogelgeschrei und Schwalbenhimmel
Und rußigen Nebelschwaden auf den Lippen
Nichts geschieht, nur Schiffe legen an
Und ein Kind am Ufer, das die Wellen zählt.

Wünsche

Durch Sydney möchte ich laufen und durch
Manhattan
In Korsika im Fluss der weißen Steine baden
Am Gargano den heiligen Michael treffen
Und auf Capri eine zerzauste Katze streicheln
Ich möchte in Wien mitten auf der Straße einen
Walzer tanzen
Und mich in Rom in flimmernden Gärten
ergehen
Auf einem Bauernhof im Waldviertel die zahmen
Forellen belauschen
In Avignon eine goldene Sonnenbrille tragen
Und in Frankfurt die dunklen Schatten der
Wände berühren.

Hilfe?

Sie ging schwankend über die belebte Zeil. Tastete sich an den Hauswänden entlang und brach schließlich vor einem Hauseingang zusammen.

Passanten, darunter einkaufende Frauen, Geschäftsleute, junge Paare, eilten herbei. Stützten die Frau. Halfen ihr hoch. Öffneten ihren Mantel, boten an, einen Arzt zu holen, und beratschlagten, was zu tun sei.

Herzanfall? Kreislaufkollaps? Man fächelte der Bedauernswerten, die ihre Augen geschlossen hielt, frische Luft zu. Die allgemeine Hilfsbereitschaft schlug hohe Wellen, …bis unvermittelt die Frau zu lallen und zu stammeln anfing. Bis man die Fahne roch, die ihrem Mund entströmte und einem der Umstehenden den Satz entlockte: „Die ist ja nur stinkbesoffen!“

Da waren die Helfer auf einmal empört, entfernten sich rasch, nicht ohne mit dem Kopf zu schütteln und zu schimpfen.

Zurück blieb ein Bündel Elend. Mit dem Rücken an die Hauswand gelehnt.

Und Hamlet hat sie zu der Katze gesagt

Sie saß mitten auf dem Platz in der Schillerstraße. Neben der Börse, wo Bulle und Bär in Bronze die Macht des Geldes symbolisieren.

Sie war blond und braungebrannt, trug abgewetzte, ausgebleichte Jeans und einen Pulli mit einem großen „B" vorne drauf, hatte die Beine übereinander geschlagen und rauchte seelenruhig eine Pfeife.

Neben ihr stand ein Ungetüm von Rucksack, mit Kochgeschirr und Schlafsack draufgeschnallt, und aus der Tasche auf ihrem Schoß blinzelte neugierig eine kleine grau-weiß gescheckte Katze.

Viele Blicke streiften sie, als sie so dasaß und schmauchte. Ein älterer Mann ging schließlich auf sie zu und fragte, ob sie wohl Hilfe brauche, wo sie herkäme und wo sie noch hinwolle.

Sie erzählte, dass sie Dänin sei, Studentin der Kunstgeschichte und in die Türkei unterwegs. Es sei ihr erster großer Trip so allein und nun hätte sich ausgerechnet der vierbeinige Reisebegleiter tüchtig den Magen verdorben. „Sie hat den Durchfall, die Katze Hamlet", sagte sie in einem drolligen Deutsch. In Wiesbaden wollte sie eine Freundin besuchen und das Tier zur Pflege dort lassen, aber die Freundin war verreist. Nun sei sie auf der Suche nach einem Tierarzt; irgendjemand hätte ihr die

Adresse an der Hauptwache genannt, aber die Praxis dort sei geschlossen.

Der hilfsbereite Passant, der sie angesprochen hatte, hörte sich alles genau an, besah sich die Katze und gab ihr den Rat, sich ein entsprechendes Mittel in der Apotheke zu besorgen.

„In zwei, drei Tagen geht es ihr wieder besser", beruhigte er sie, „ich habe selber zu Hause einen Kater und habe das schon ausprobiert. Sie müssen sie nur ruhig einmal hungern lassen."

Die blonde, reiselustige Dame mit dem „B" auf dem Pulli sagte freundlich: „Isch danke schön", rauchte ihre Pfeife zu Ende, schüttelte ihre Haare nach hinten, warf sich mit einem kräftigen Ruck den Tornister über die Schultern, schnappte die Tasche mit dem magenkranken Hamlet und entschwand Richtung Rolltreppe.

Zurück blieben einige verdutzte Mitmenschen, darunter ein paar junge Burschen und zahlreiche Kinder. „Was es nicht alles gibt", meinte eine Frau.

„Und Hamlet hat sie zu der Katze gesagt", verwunderte sich noch immer ein kleines Mädchen.

Mai

Ich stelle meinen Stuhl in den Grasgarten
Und ruhe mich aus mit bleierner Wohligkeit
Frei gewehte Gedanken
Taubenvögel und vergossenes Mittagslicht
Unterm Wildapfelbaum
Verschüttete Träume, ein nervös gewordener Tag
Sehnsucht nach einem Ort,
Dreißig Vogelflugminuten entfernt

Markt-Beobachtung

Die alte Dame ist zart und schmächtig. Sie geht gebückt und sieht aus, als ob sie direkt aus der Vergangenheit käme, mit ihrem adretten Spitzenjabot und dem rührend altmodischen Hut.

Mitunter zieht sie ein Einkaufswägelchen hinter sich her. Trotz ihres hohen Alters führt sie an der Hand einen kleinen Jungen und manchmal hat sie einen Kinderwagen mit Baby dabei.

An Höchster Markttagen schleppt sie sich mit Tüten und Taschen ab. Wer sie beobachtet, sieht, wie sie sorgfältig Gemüse, Obst oder Salat auswählt.

Wer sie wohl ist? Ihre ruhigen, bedächtigen Bewegungen fallen auf in einer hektischen Zeit.

Gestern Morgen kam sie wieder vorbei, mit Kinderwagen, Einkaufsnetz und dem Buben an der Hand. Um sie herum der ohrenbetäubende Lärm einer Stadt, die gerade wach geworden ist.

Die Autos stauten sich wie gewohnt, Fußgänger flüchteten. Es wurde gehupt, gepfiffen und geschimpft.

Nur sie, die alte Dame, schien unbeeindruckt. Gelassen trippelte sie durch das Chaos. Und als ein höflicher Autofahrer ihr den Vortritt ließ, bedankte sie sich artig und lächelte stillvergnügt vor sich hin.

Die Maus

Sie lag mitten auf der Fahrbahn. Sie war so winzig, dass die Katze, die sie im Maul getragen und aus einer Haustür am Schweizer Platz geschossen war, sie sofort wieder ausgespuckt hatte.

Da lag nun das Mäuschen, regungslos und starr vor Schreck, und zwei Autos brausten über sie hinweg, ohne dass ihre Räder sie berührt hatten.

Ein Junge sah die missliche Lage des kleinen pelzigen Nagetieres, sprang auf die Straße, hob die Maus auf und rannte mit ihr ins nahe Elternhaus.

Eine Woche lang wurde „Mariechen“, die bei dem Abenteuer am Fuß verletzt worden war, in einem großen Pappkarton mit Hartkäse, Getreidekörnern und verdünnter Milch aus der Puppenbabyflasche wieder aufgepäppelt.

Dann erhielt sie die Freiheit zurück. Der Junge brachte sie ins Nizza unten am Main und setzte sie behutsam in eine Ecke hinter einen grünen Vorhang aus Grashalmen.

„Mach's gut, Mariechen“, sagte er „und pass immer schön auf, dass die Katze dich nicht erwischt.“

„Alte Kameraden“ für freies Essen

Man traf ihn immer mal wieder in Frankfurt. An allen möglichen Ecken, Straßen oder Plätzen.

Er hatte Mühe, gegen den Lärm anzuspielen. Die nostalgischen Klänge wurden von den Autos einfach verschlungen.

Trotzdem blieben die Menschen einen Augenblick stehen, hörten zu und drückten ihm ein Geldstück in die Hand. Einige Fenster in den Häusern öffneten sich und heraus flogen kleine Päckchen.

An einem bestimmten Wasserbüdchen machte er stets Station – aber nicht, um sich mit Schnaps und Bier zu versorgen, sondern weil er da etwas geschützt stand und weil er die Frau vom Kiosk schon viele Jahre kannte.

Der alte Leierkastenmann in dem abgewetzten grauen Mantel hieß Mathias Heinrich und wohnte im Frankfurter Gallusviertel. Er wollte, dass sein Name und seine Adresse bekannt waren. „Ich nehme gern Bestellungen entgegen für Geburtstagsfeiern oder Betriebsfeste“, sagte er.

Für freies Essen und Trinken und für einen Geldbetrag kurbelte er dann nach Wunsch die „Alten Kameraden“ oder den „Soldat am Wolgastrand“.

Er spielte dabei den Leuten mitten ins Gemüt, Kindheitserinnerungen wurden dabei wach und Berliner Zuhörer dachten an die Hinterhof-Idylle in ihrer Heimatstadt, wo auch nach Zilles Zeiten noch die Straßensänger und Leierkästenmänner umherzogen.

Eines seiner Lieblingsstücke, das Mathias Heinrich oft erklingen ließ, war das Lied vom „armen Wandergesellen". Ein bisschen fühlte er sich selbst auch als ein Wandergeselle, der auf Almosen seiner Mitmenschen angewiesen war, weil er sonst nicht leben konnte.

Ab und zu ging er zum Sozialamt, um herauszufinden, ob ihm mit seiner Kleinstrente nicht irgendein Zuschuss zustehen würde.

„Früher war's besser", meinte er. „Früher", das war, als die Frau noch gelebt hat. Er nestelte ihr Bild aus der Rocktasche. Ein gütiges, freundliches Gesicht.

Seit vier Jahren zog er nun schon allein durch die Lande.

Sein Leierkasten, den er vor sich herschob, war sein ganzes Kapital. Behutsam ging er mit ihm um. Wenn eine Melodie verklungen war, stülpte er zum Schutz die lederne Haube über.

Nach Bornheim kam er gern und nach Sachsenhausen. Die Straßen und Plätze waren ihm vertraut.

„Schwätz nicht so lange und spiel weiter, Alter", rief ihm ein Mann von gegenüber zu, als er von seinem Leben erzählte.

Da nahm Mathias Heinrich die Kurbel in die Hand und fing wieder an zu drehen und zu drehen, und ein kleines Mädchen blieb stehen und fragte, ob er wohl auch ein Äffchen zu Hause hätte, denn normalerweise würde doch ein Affe auf einem Leierkasten sitzen.

Der Mitmensch

An der Konstabler steht er mit einem Male neben einem, sagt „Hallo" und „Können Sie mir mit ein paar Groschen aus der Klemme helfen?"

Man ist verdutzt, zögert einen Moment, schaut sich den bärtigen, schmächtigen jungen Mann an und zückt schließlich die Geldbörse.

„Vielen Dank", sagt der und ruft noch, ehe er in der Menge verschwindet: „Sie sind wirklich ein guter Mitmensch!"

Man geht als „guter Mitmensch" nachdenklich weiter, erledigt seine Einkäufe Zeil aufwärts und Zeil abwärts und hört an der Ecke Steinweg plötzlich wieder die bekannte Stimme: „Hallo, können Sie mir vielleicht ..."

Man dreht sich um und sieht gerade noch, wie eine Frau dem Bärtigen von vorhin etwas in die Hand drückt. „Danke schön", murmelt dieser und, „Sie sind wirklich ein guter Mitmensch!"

Einen Augenblick lang schwankt man, ob man sich über die „Masche" ärgern oder amüsieren soll. Dann aber entschließt man sich zu lächeln.

Du

Ich ging aus der Dämmerung
Dich zu suchen
Aber die grüne Brücke blieb leer
Köpfe von Tieren sah ich
Und Menschen, die vorüber gingen
Blumen mit bunten Gesichtern schwebten vorbei
Auf Stängeln, die wie Flöten waren
Bäume sah ich und Wolken sah ich
Und den Regenbogen über Häuserschluchten
Doch du warst nicht da
Heim kehre ich, die Hände voller Hoffnung
Lausche ich auf deine Schritte
Doch du bist nicht gekommen
Nur die Nacht und die kalten Steine haben mir zugesehen.

Noch einmal „Shalom“

Er steht an der Katharinenkirche und er zieht die Menschen magisch an.

Er kommt aus Israel und er trägt dunkle Locken unter seinem bunten Käppi. Seine Finger sind technische Wunderwerke, wenn sie auf dem Xylophon eine Bachfuge spielen.

Bach ist sein Lieblingskomponist, ihn schenkt er in jedem Sommer dem lauschenden Publikum. Wenn er ein Musikstück ankündigt und erklärt, wird seine Stimme leise und melodisch – wie sein Instrument.

Neulich spielte er ein Stück von Beethoven, das dieser für Kinder geschrieben hatte. In „Dur“, „denn ‚Moll‘ ist für Kinder zu traurig“, sagte er.

War es Einbildung oder Wirklichkeit, dass das Baby in dem Tragesack, den sich ein junger Vater um die Hüfte geschnallt, hatte, vor Vergnügen strampelte, als es die Melodie hörte?

Meist bleibt er bis Ende Oktober in Frankfurt. Dann wird's ihm draußen zu ungemütlich, denn mit kalten Fingern kann er nicht mehr spielen.

Ehe er sich in den Süden aufmacht, ruft er seinen Zuhörern ein „Adieu“ zu „und vergesst mich nicht!“, „Shalom“ und „Auf Wiedersehen im nächsten Sommer!“

Die Hüte der Frauen

Sie sind aus dem Straßenbild verschwunden. Der Zeitgeist hat sie verschluckt, weg, vorbei, dahin, ausgestorben wie der Urvogel oder ein Monsterfrosch in Neuguinea.

Selbst in der feinen Goethestraße führt keine mehr ihren Hut spazieren. Kappen, Mützen, Hauben, Baretts, Kopftücher und Kapuzen und Schals, zum Turban gebunden, das alles ziert und wärmt heute Frauenköpfe.

Aber wo sind sie nur geblieben? Die kleinen und großen Hüte mit den schmalen oder den breiten Krempen, dekoriert mit zarten Federn, rosafarbenen Seidenblumen und Schleifchen, mit Bändern, Kordeln oder Perlen, aus Stoff, Samt, Filz und Stroh?

Die Therese Steinacker aus Höchst, schon lange nicht mehr unter den Lebenden, war eine Hutmacherin erster Güte.

Ihr Laden eine geheimnisvolle Fundgrube voller Schätze und nicht nur die Sonntagskirchgängerinnen pilgerten regelmäßig in die Emmerich-Josef-Straße, um sich ihr ganz persönliches Modell anfertigen zu lassen. Ein Vorbild für extravagante Hutschöpfungen war in diesen frühen Jahren oft die englische Queen und die eine oder andere Höchsterin trug stolz eine Kreation, die haargenau der königlichen Kopfbedeckung nachempfunden war.

Zuweilen aber äußerten unbedarfte Kundinnen, die in Hochglanzblättern die Fotos vom berühmten Pferderennen in Ascot angestaunt hatten mit den verrückten Hutgebilden der meist blaublütigen Besucherinnen, spezielle Wünsche, die die gute Therese nach besten Kräften zu erfüllen versuchte.

So flanierte einmal eine ganz Verwegene auf der „Kö" mit einem seltsamen Ding herum, auf dem ein wilder Tiger gerade zum Sprung ansetzte, und eine andere übertrieb es wirklich, denn sie stolzierte gleich mit dem gesamten Frankfurter Stadtteil en miniature auf ihrem Kopf durch die Straßen und die kleinen spitzgiebeligen Häuschen, die ehrwürdige Justinuskirche und die Schornsteine der Farbwerke Hoechst schaukelten bei jedem Schritt heftig mit.

Die Taube

Die Taube schien gehbehindert. Sie humpelte auf einem Bein, das zweite zog sie etwas nach und entsprechend langsam trippelte sie auf dem Bürgersteig vor den Füßen eiliger Passanten umher.

Einem forschen Geschäftsmann in einem hellen Mantel, mit einem Aktenköfferchen, war die Taube ein Hindernis in seinem schnellen Schritt.

Er hob ein Bein wie ein Fußballer und gab mit seinem Schuh dem Tier einen Tritt, dass es wie ein Ball in die Luft flog und danach fest aufklatschend wieder auf dem Boden landete, wo es zitternd liegen blieb.

Ein junger, kräftiger Kerl hatte die Szene beobachtet. Er gab dem Mann rechts und links eine Ohrfeige und schrie wütend: „Das machst du nicht noch einmal!" Dabei kam es zu einem Gerangel, der Mann strauchelte und sein Aktenköfferchen fiel zu Boden, öffnete sich und der Inhalt ergoss sich über die Straße.

Mit hochrotem Kopf sammelte der Mann seine Papiere wieder ein und mit einem Seitenblick auf seinen starken Gegner machte er sich schleunigst aus dem Staub.

Der Taubenretter aber wickelte das verstörte graue Lebewesen vorsichtig in seinen Schal und erklärte den Umstehenden, dass er einen Kumpel habe, der sich mit Brieftauben auskenne. „Und dem bringe ich sie, er wird sie bestimmt wieder hinkriegen!"

Das Traumbild des Hans Christian A.

Christel, die Freundin, die jetzt in Berlin lebt, hatte die Geschichte in einem kleinen, staubigen Antiquariat im Osten der Stadt entdeckt und gekauft.

Die Geschichte geht so:

Der dänische Märchendichter Hans Christian Andersen kam auf seinen ausgedehnten Reisen auch nach Frankfurt am Main.

Die Stadt beeindruckte ihn sehr und als er wieder zurück in Kopenhagen war, ließ er in seinem veröffentlichten „Bilderbuch ohne Bilder" den Mond das Haus der jüdischen Familie Rothschild bescheinen.

„Es war in Frankfurt. Dort sah ich …", so sprach der Mond, „… ein seltsames Bild. Mein Blick fiel auf ein altes Haus. Es war nicht das Haus, in dem Goethe geboren ward, auch nicht das alte Rathaus mit seinen vergitterten Fenstern, hinter denen noch immer die gehörnten Schädel der Ochsen bleichen, die bei der Kaiserkrönung am Spieß gebraten wurden.

Nein, – es war ein ganz gewöhnliches, grün angestrichenes Bürgerhaus und es lag in der Nähe der engen Judengasse.

Es war Rothschilds Haus.

Ich sah durch die geöffnete Tür. Die Treppe war hell erleuchtet. Bediente, die brennende Kerzen in schweren Silberleuchtern trugen, standen auf den

Stufen und verneigten sich tief vor einer alten Frau, die in einem Sessel die Treppe heruntergetragen wurde. Der Herr des Hauses stand mit entblößtem Kopf und küsste der alten Frau ehrfurchtsvoll die Hand. Es war seine Mutter. Sie nickte ihm und den Bedienten freundlich zu und die Diener geleiteten sie in die schmale düstere Gasse, an ein bescheidenes kleines Haus. Hier wohnte sie. Hier hatte sie ihre Kinder geboren und von hier aus war ihr Glück erblüht. Wenn sie die verachtete Gasse und ihr kleines Haus verschmähte, so würde auch das Glück sich von ihr wenden: das war ihr fester Glaube."

Der Mond erzählte nicht weiter. Er hatte mir heute Abend nur einen kurzen Besuch gemacht. Aber ich musste lange an die alte Frau in der schmalen, dunklen Gasse denken. Nur ein Wort – und ihr glänzendes Haus stände an der Themse! Ein Wink nur – und die herrlichste Villa am Golf von Neapel wäre ihr Eigen!

„Wenn ich das niedrige kleine Haus verschmähte, in dem das Glück meiner Söhne wurzelt, so würde ihr guter Stern verlöschen" – das war der Glaube, der ihr Handeln bestimmte.

Ein Aberglaube? Vielleicht. Doch jedenfalls ein Aberglaube von besonderer Art.

Und wenn man die Geschichte kennt und das Bild vor Augen hat, das der Mond mir malte, genügen zwei Worte, um seinen Inhalt zu verstehen, die Worte: Eine Mutter!

Mond über Frankfurt

Großes Gelb im Schattendunkel
Kaltes Rund über dem Blätterdach
Glitzerreif in vielen Nächten
So fern und doch so nah
Bist du uns, Planet der Planeten

Dein Gesicht hat uns seit Kindheitstagen
begleitet
Voll Zärtlichkeit
Gebannt vom Zauber deines Lichtes
Möchten wir dich auf die Erde holen
Und deine Furchen glätten

In deinem Staub haben Menschen gekniet
Und Gott gesucht
Aber Steine gefunden
Mit ihrem silbernen Gefährt sind sie zurück-
gefahren
Nur ein Fußabtritt blieb dir erhalten

Café Bück-Dich

Gastliche Stätten mit originellen Namen gab es zu allen Zeiten in der Farbenstadt.

Um das Jahr 1830 zum Beispiel den „Schwanen", von reisenden Handwerksburschen und Fuhrleuten gern angesteuert. Das historische Gebäude befand sich in der Bolongarostraße, doch hundert Jahre später wurde dieses Haus gar nicht mehr gern betreten, denn es war zum Sorgenhaus der Bürger, zum Finanzamt umfunktioniert worden.

Der „Schwanen" war nicht die einzige Wirtschaft in Höchst vor 180 Jahren. Ein ganzer Zoo war vertreten. Der „Hirsch" und der „Karpfen", das „weiße Ross" und der „Bär", die „Katze" und der „goldene Löwe".

Auch Himmelskörper liehen Gasthäuser ihre Namen. So der „Stern", die „Sonne" und der „Halbe Mond".

Einen köstlichen Trunk und einen herzhaften Imbiss erhielt man für Kreuzer und Gulden auch im „goldenen Fass" und im „Schlüssel", im „grünen Baum" und im „Anker", in den „Vier Jahreszeiten" und im „Frankfurter" und „Nassauer Hof".

Manche der alten Namen haben sich bis zum heutigen Tag erhalten, wie der „Schwanen" und die „Bärenwirtschaft" beweisen.

Die unbestritten populärste gastliche Stätte im 17. und 18. Jahrhundert war der „Karpfen“. Schon der junge Goethe fuhr mit dem Marktschiff von Frankfurt in die „Hohe Stadt am Main“, um sich auf dem Höchster Schlossplatz Essen und Trinken schmecken zu lassen.

Aber nicht nur der Dichterfürst hat hier gerastet und gevespert. Auch Dürer, Mozart und Schiller gaben sich die Ehre.

Mozart kam als siebenjähriger Bub zusammen mit seinem Vater und seiner Schwester Nanette auf einer Reise zu einem Konzert nach Frankfurt in den „Karpfen“ und Schiller kehrte hier ein, als er 1782 vor seinem württembergischen Landesherrn fliehen musste.

Auch als Großmutter ein kleines Mädchen war, konnte man sich's in den Gasthäusern von Höchst wohlergehen lassen. Die Familien pilgerten sonntags ins „Döfte Eck“ oder in den „Hirschgarten“, wo im Schatten mächtiger Bäume stets ein Kinderkarussell aufgebaut war und besonders an Höchster Kerb und Fassenacht heitere fröhliche Ausgelassenheit herrschte.

Nicht weit entfernt vom „Hirschgarten“ befand sich die „Eisenbahn“ an der Ecke Königsteiner-Emmerich-Josef-Straße. Im Volksmund hieß sie „Bambelschnut“, nach einer körperlichen Besonderheit des Besitzers. Sie war ein altes gemütliches Wirtshaus mit vom vielen Rauch dunkel gebeizten Wänden.

Am Wochenende wanderten die Höchster Familien und die aus der Nachbarschaft Nied, Sossenheim und Zeilsheim mit Kind und Kegel in den Garten der „Eisenbahn" oder „Bambelschnut", um die Attraktionen wie Kabarett und Kino, Freilufttheater und Privatzoo zu genießen.

In der Altstadt gab es vor dem Ersten Weltkrieg auch noch die „Eiserne Hand", bekannter freilich als „Blechmusik".

Und auch an bürgerlichen und behaglichen kleinen Cafés hatte man vor 50 oder 60 Jahren noch die Auswahl.

Da traf man sich im Café „Bolongaro" zu Kaffee und Kuchen, aber auch zu Konzerten, Dichterlesungen, zum Schachspiel oder einfach nur zum „in der Zeitung blättern".

Und natürlich zum Nachmittagstanztee.

Ein anderes Café in der Bolongarostraße mit dem Namen „Gärtner" hieß wegen seiner niedrigen Decke nur „Café Bück-Dich". Es war das Stammlokal und der Treffpunkt aller verliebten Paare, die sich gern beim Eintreten ins winzige kleine Altstadthäuschen bückten und so manche Stunde in dunkelroter Plüschseligkeit verträumten. Außer den Liebespaaren trafen sich hier auch Freundescliquen, sonntäglich aufgeputzte Familien mit ihren Sprösslingen, Maskenballbesucher nach durchtanzter Nacht, Billardspieler und Backfische, Dandys, Primanerinnen und Marktfrauen.

Die Spezialität des Hauses war ein Zitroneneis, das wurde jeden Tag frisch zubereitet und dazu mussten pfundweise Früchte ausgepresst werden und bis auf die Straße hinaus roch es danach. Die Schalen wurden übrigens als natürliches Duft- und Desinfektionsmittel in den Toiletten weiterverwendet, es gab ja noch keine Chemiekugeln.

Mitte der zwanziger Jahre wohnten „höchst" vornehme Leute in Höchst. Die Mühlenbesitzer Gregori etwa oder der Herr von Brüning, ein eingefleischter Junggeselle, der im alten Schloss residierte.

Professor von Duden, verwandt oder verschwägert mit dem berühmten Konrad, der das Wörterbuch der Deutschen Rechtschreibung entwickelte, fuhr mit Chaise und befracktem Kutscher spazieren, an staunenden Schulkindern vorbei, die Mund und Nase aufsperrten.

Die Familie Dauer folgte in gebührendem Abstand mit Gouvernante in einer gewöhnlicheren Kutsche.

Die Gärten der alten Patrizierhäuser ähnelten weitläufigen Parks. Es gab kleine, idyllische Rasenflecken, die man „Mutters Garten" nannte, und größere, die „Vaters Garten" hießen.

Die Honoratioren von Höchst verschmähten übrigens keineswegs die bürgerlichen Wirtschaften und Gasthöfe. Sie saßen ebenso gern in der „Goldenen Rose" und im „Bären" wie auch in der etwas eleganteren „Post" oder „Schönen Aussicht".

Buttermilch und Schokoeis

Über Nacht ist der Sommer zurückgekehrt. Man sieht ihn, fühlt ihn und schmeckt ihn.

Vor dem Döner-Imbiss in der Mainzer Landstraße hat einer die Schuhe und die roten Socken ausgezogen und sich auf den Boden gesetzt. Neben sich hat er die Bierflasche stehen.

Die beiden jugendlichen Anhalter am Einkaufszentrum haben auch Pause gemacht und sich ins Böschungsgras gelegt. Am Kilometerstein lehnen der vollgepackte Tornister und zwei Tüten mit Buttermilch.

Eine Weile später sieht man die beiden „Mitfahrer" wieder am Rande der Schnellstraße. Sie winken mit einem Stofffetzen in den Farben der französischen Trikolore und darauf ist in weiß „PARIS" geschrieben.

Um 11 Uhr sind es auf dem Thermometer an der Apotheke schon 35 Grad. Die Braungebrannten sind unterwegs. Herr und Frau P. waren in Sizilien, die Tochter mit Freund und Hund im Fränkischen.

Die Rentner haben ihre Freiluftsaison wiedereröffnet. In den Anlagen am Main sitzen und stehen sie in Grüppchen beieinander und reden über Gott und die Welt.

In der Stadt kommen die Mädchen mit Eistüten daher, die von der Sonne schon selber aufgeleckt werden.

Im Supermarkt türmen sich Pfirsiche und Melo nen.

Bei Familie G. gibt es heute Rote Grütze und Vanillesoße.

Markus und Marina wollen morgen zeitiger ins Strandbad an der Nidda gehen.

Bei den Schrebergärten am Stadtpark roch es gestern nach Rosen und gebrutzelten Bratwürsten. Bunte Lichter baumelten zwischen Bäumen und Büschen und der Mond hing wie ein Riesen-Lampion über Blaukissen und Graspolstern.

Um drei Uhr fallen die ersten dicken Tropfen. Es blitzt und donnert und dann prasselt der Regen.

Der Mann in dem orangefarbenen Kran am Krankenhaus riskiert einen Blick in den grauen Himmel und beschließt, oben zu bleiben. Die Leute unten an der Bushaltestelle unterhalten sich darüber. „Mir wäre das zu gefährlich", sagt eine Frau, „wo man doch weiß, dass der Blitz immer in die höchsten Spitzen schlägt."

Gegen Abend hat die dicke italienische Mama einen Stuhl geholt und sich mitten auf den Bürgersteig vor das Haus in der Gutleutstraße gesetzt. Passanten schauen sich verwundert um, als sie vorübergehen.

Genau eine halbe Stunde hat es die Frau aus dem sonnigen Süden ausgehalten. Hat sich stinkende Autoschwaden ins Gesicht blasen lassen und den

Kopf geschüttelt über knatternde Mopedfahrer und ein schrilles Martinshorn.

Dann hat sie den Stuhl genommen und ist ins Haus zurückgegangen.

Sommer mit Julia

Stille Straßen, laute Schritte
Den grünen Sommer aus dem Glas trinken
Sonnenkerzen anzünden
Blassblaue Hortensienblüten zupfen
Ein Spaziergang durch Felder, wo das Brot wächst
Lichthelligkeit und Dämmerschatten
Heiteren Gemütes die Sterne vom Himmel pflücken
Und den Regenbogen herunterholen
Für dich, Julia
Heckenrosen und Schlehendorn besingen
Unter regenschweren Bäumen stehen
Warten und lauschen …

Der lustige Typ

Einen kostenlosen Kundendienst besonderer Art praktiziert einer der Fahrer des Bahnbusses auf der Strecke Frankfurt am Main – Höchst – Bad Soden – Königstein und zurück.

In Conférencier-Manier begrüßt er seine Fahrgäste, macht sie in launigen Worten auf diese oder jene Besonderheit aufmerksam, erzählt ihnen kleine Geschichten und gibt die neuesten Witze zum Besten.

Zum Beispiel diesen: Warum tanken Autofahrer in Höchst immer gleich die doppelte Menge an Benzin? Antwort: Weil sie auf der Suche nach einem Parkplatz manchmal tagelang unterwegs sind.

Freuen sich zwei Teenager, die im Main-Taunus-Zentrum zusteigen: „Klasse, wir haben wieder den Bus mit dem lustigen Typ erwischt!"

Und bedauern zwei ältere Frauen, die in Unterliederbach aussteigen: „Schade, dass wir schon raus müssen, das war so eine vergnügte Fahrt."

Altes Haus

Sonnenblumen, die explodieren
Wildes Moos, das die Wege überfällt
Sachter Glanz, Himmelsflecken
Ein Strauch am Vogelbecken, der laut lebt
Äpfel faulen im Gras
Akelei und Vergissmeinnicht, wie verblassende Erinnerungen
Kürbisse, die wie gelbe Monde aus der Erde wachsen
Spiegel am Fenster bricht Wolkenblau
Und Spinnwebstaub
Zieht Erinnerungsfäden um Pergamentblätter
Und zerbröckelndes Mauerwerk.

Kinderspiele

Die gute alte Trambahn zuckelt noch immer – wie schon seit vielen Jahren – von der Zuckschwerdtstraße bis nach Frankfurt hinein. Die Fahrt ist lang und bisweilen auch langweilig.

Eine Schar munterer Schulkinder sorgte dieser Tage dafür, dass Fahrgäste an der Endstation in Höchst vergnügt den Zug verließen.

Die Zweit- und Drittklässler, die fröhlich lärmend an der Hauptwache eingestiegen und dafür zunächst missbilligende Blicke geerntet hatten, entwickelten während der Fahrt eine schier unerschöpfliche Fantasie, die schließlich auf alle ansteckend wirkte.

Wohl unter dem Eindruck einer gerade erst verflossenen Rechenstunde sorgten die Knirpse für Spannung, als sie anfingen, im Vorüberfahren alle roten Autos, alle weißen und schwarzen Hunde und Frauen mit Kinderwagen zu zählen – von den übrigen Fahrgästen eifrig unterstützt.

Danach boten sie das uralte „Teekessel"-Spiel, bei dem Wörter mit gleichem Namen, aber mit verschiedener Bedeutung zu erraten sind. Auch hier mischten die Mitfahrer kräftig mit. Ein Mann stand sogar auf, ging zu einem der Kinder hin, flüsterte ihm „Melone" und „Bienenstich" ins Ohr und amüsierte sich köstlich, als nach kurzer Zeit eine ältere Frau im hinteren Teil des Wagens den Mädchen und Buben laut die Lösung zurief.

Waren es anfangs nur eine Handvoll Zaghafte, so spielten mit einem Mal auch alle anderen im Zug ebenfalls mit und hatten ein Strahlen in den Augen und glückliche Gesichter!

Ein Rabe nahm den 51er Bus

Der Reisende, der das Pech hatte, dass ihm im Höchster Bahnhof der Zug vor der Nase wegfuhr, hatte beim anschließenden halbstündigen Zwangsaufenthalt vielleicht das Glück, den Seniorwirt der dortigen Gaststätte zu treffen.

Wenn Herr Grunewald – ein kräftiger, liebenswürdiger älterer Herr – seine lustigen Geschichten zu erzählen anfing, dann konnte es passieren, dass auch der 15.04-Uhr-Zug wieder ohne den Reisenden abfuhr.

Bei einer Tasse Kaffee kramte Herr Grunewald nämlich in seinen Erinnerungen, die als Bilder im Nebenraum gerahmt an der Wand hingen.

Da war zum Beispiel das Portrait eines stolzen Ebers zu bestaunen, hinter dem sich die fast unglaubliche Story eines handzahmen Wildschweins verbarg, das Moritz hieß. Dieses Prachtexemplar, das als winziges Tierbaby per Einkaufstasche nach Höchst kam, lief später den Wirtsleuten, der Köchin und dem Kellner wie ein Hund hinterher und bettelte in der Küche nach Apfelstückchen.

An Silvester posierte es zum Gaudi der Gäste als Fotomodell auf einem Podest aus Holzbrettern und blieb darauf fast eine Stunde lang regungslos stehen.

In den Neujahrszeitungen prangte sein Bild als Attraktion (man hatte ihm noch eine Kette mit anderen Glücksbringern um den Hals gelegt) und als dann eine Reporterin der Frankfurter Rundschau dem Borstenvieh einen Besuch abstatten wollte, da wälzte es sich gerade so temperamentvoll in einer Schlammpfütze, dass der helle Mantel der Besucherin anschließend vom Kragen bis zum Saum hundertfach schwarz gepunktet war.

Der wilde Moritz trieb allerlei Schabernack mit Gästen – und vor allem mit Kindern – und wurde schließlich so aggressiv, dass man sich leider von ihm trennen musste. An seine Stelle trat „Rosa", eine Wildschweindame, die aber nicht annähernd die Intelligenz und das Temperament ihres Vorgängers hatte.

In jener Zeit, in den frühen fünfziger Jahren, lebte im Haushalt bei Grunewalds auch ein Rabe, der sogar gesprochen haben soll. Auch er lief zwischen den Beinen der Reisenden umher und war das ganz große Vergnügen von allen Kindern.

Eines Tages kam so ein Knirps zu Herrn Grunewald gelaufen und berichtete atemlos, dass sein Rabe soeben mit dem 51er Bus nach Zeilsheim abgefahren sei.

Herr Grunewald rannte nach draußen auf den Bahnhofsplatz und sah gerade noch, wie der Bus vorn um die Ecke bog und wie auf seinem Dach der schwarze Vogel saß.

Eine halbe Stunde später kam der Omnibus aus Zeilsheim zurück und mit ihm das kluge Rabenvieh, das immer noch laut krächzend obenauf saß.

An der Haltestelle flatterte es herunter und stolzierte mit großen Schritten schnurstracks wieder ins heimische Bahnhofsrestaurant hinein.

Vögel über der Stadt

Sie schrauben sich immer höher, die kleinen, braunen Falken, kreisen um die Bürotürme, um Kirchturmspitzen und Sendemasten; sind Akrobaten der Lüfte, die Flugkünstler unter den fliegenden Stadtbewohnern.

Fliegt nicht zu hoch, meine Freunde, damit ihr nicht den silbrig glänzenden großen Vögeln in die Quere kommt.

Die Stare unten am Main haben sich einen mächtigen Ulmenbaum ausgesucht, wo sie Ende August ihren Jahreskongress abhalten. Sie beratschlagen, ob sie lieber hier bleiben oder zum Überwintern in den Süden fliegen sollen. Sie diskutieren über Flugrouten, Entfernungen und Geschwindigkeit, streiten lautstark miteinander, halten die Köpfe schief, schwätzen durcheinander und schreien sich schließlich heiser, bis die Dunkelheit über sie hereinbricht und ihnen den Schlaf bringt.

Am nächsten Morgen sind sie schon früh wieder munter und angriffslustig, starten manchmal richtige Attacken auf die Hunde der Jogger und später fliegen die grauen Vögel mit dem schwarzen Gefieder zu ihrer Arbeitsstelle, irgendwo in den Weinbergen oder Obstgärten.

Wenn sie abends ihren Job beendet haben, kehren sie in Scharen wieder zu der alten Ulme im Nizza zurück und unter dem Baum sieht es dann aus, als hätte es geschneit.

Im Oktober hört man es wieder, das heisere Schreien der Kraniche hoch oben dicht an den Wolken, wenn sie hintereinander in einer endlos langen Kette in den Süden fliegen und immer ein anderer Vogel aus der Reihe heraus schert und sich als Reiseführer an die Spitze des Zuges setzt.

Und unten auf der Erde haben dann die Menschen Jahr für Jahr in ihren Augen die ewige Sehnsucht nach Sonne und Wärme.

Frühling

Kirschbaumschnee und Raureiffrost hinter
schwarzen Eisengittern
Herzleidrot und bittergelb in Bürgergärten
Hinter Mauern, die fallen werden
Der Ruf des Bussards über grün gesprenkeltem
Felderquadrat
Am toten Fluss verweht und verspuckt im Faden-
kreuz der Winde
Tristesse an einem Sonnenmorgen im April
Und Heiterkeit an einem regenschweren
Donnerstag

Eidechse

Du gehst für mich durchs Feuer, Eidechse
Schlängelst dich über weiße Steine in Arkadien
Sitzt in Mauerritzen und dunklen Grotten,
Bereit zum Sprung
Wenn die Sonne an den Küsten verdampft,
Leuchten deine Augen kühl
Wie ein Bergsee
Erklär mir das Licht, Eidechse,
In dem du nicht ertrinkst,
Und den Sternenstaub,
Der dich unverwundbar macht.

Mohrle aus der Mülltonne

Die Kleine saß auf einer Bank im Grüneburgpark und schlenkerte mit den Beinen. Dabei tätschelte sie einen mittelgroßen, schwarzen Hund undefinierbarer Rasse.

Der Vierbeiner mit den klugen braunen Augen wirkte auf Anhieb sympathisch und schließlich hatten alle Vorübergehenden ihm mal schnell über den Kopf gestrichen oder aufs Fell geklopft.

„Das ist Mohrle aus der Mülltonne", stellte das Mädchen den Schwarzen vor.

Die ratlosen Blicke der Umstehenden veranlassten sie zu einer weiteren Erklärung: Eines Tages, vor nunmehr neun Monaten, habe sie den Hund zusammen mit zwei gerade erst geborenen Welpen fest verschnürt in einem Rucksack in der Mülltonne gefunden.

Die Hündin sei an der Stirn verletzt gewesen und ihre Jungen hätten jämmerlich geschrien.

„Da hab ich die drei Hunde einfach mit rauf in unsere Wohnung genommen. Obwohl wir zehn Kinder sind, hat die Mutti nichts dagegen einzuwenden gehabt, auch wenn uns der Hauswirt schon kündigen wollte."

Zwei andere Leute auf der Bank waren empört über so viel Tierquälerei und dann sagten sie staunend: „Zehn Kinder seid ihr, und jetzt noch drei Hunde! Du musst eine sehr verständnisvolle Mutter haben."

„Die hab ich", meinte die kleine Tierfreundin stolz und stand von der Bank auf.

Als die Leute ihr nachschauten, sahen sie noch ein eifrig nach hinten winkendes Mädchen, zwei neugierig gespitzte schwarze Hundeohren und eine freundlich wedelnde weiße Schwanzspitze.

Hund

Bernsteinaugen, klar und tief wie ein Masurensee
Oder ein Meeresfjord an Norwegens Küste
Schwarzes Fell wie Kohlen in der Sonne,
Oder alt gewordenes Ebenholz
Treue unverbrüchlich, Platin oder Gold gleich
Liebe, die niemals zerbricht

Badekunden

Wer nur die Rendite vor Augen und das Kapital im Kopf hat und dabei nicht aufpasst, wohin ihn seine Schritte lenken, der kann bei der Deutschen Bank ganz schnell baden gehen.

Mitten durch deren nobles Entree nämlich plätschert ein munterer Bach, wohl dem kreativen Geist eines besonders begabten Architekten entsprungen.

Und eben jenes Gewässer wurde schon so manchem versunken daher schreitenden Besucher zum Verhängnis.

Als schon einige (Kunden-) Kinder in den Brunnen gefallen waren, bekam man auch bei der Direktion feuchte Füße, reagierte und – investierte.

Fortan hält Schwester Barbara von der Sanitätsabteilung einen gemütlichen Bademantel, Trainingsanzug und Turnschuhe für Wassermänner (und Wasserfrauen) bereit.

Weil so ein unverhofftes Badevergnügen aber letztlich doch nicht jedermanns Sache ist (und auch das eigene Image dabei ganz leicht den Bach runterschwimmen kann), fragt man sich in den Chefetagen allmählich, ob man das Flussbett nicht lieber ganz trockenlegen solle.

Vielleicht aber könnte man es auch obligatorisch machen – das reinigende Bad vor dem Bankgeschäft. Auf dass nur eine saubere Klientel den heiligen Tempel des Gottes Mammon betreten darf.

Die Stille zum Reden bringen

Erinnerungen. Der zarte schmächtige Mann mit der brüchigen Stimme, seine lebhafte Frau.

Wenn die Leute von ihm sagten: „Der Picasso von Nied“, dann war das für den sensiblen Künstler kein Kompliment. Er wollte keine Art Picasso darstellen – er wollte ein „Heck“ sein.

Der alte Künstler lebte mit seiner Frau und mit fünf Katzen zurückgezogen in einem kleinen Haus in der Kehreinstraße im Frankfurter Stadtteil Nied.

Er wohnte beengt und sein Atelier – eine winzige Stube – quoll über von Malutensilien und Hunderten von Aquarellen und Holzschnitten, die der überaus fleißige und bedeutende Frankfurter Maler in den vergangenen Jahrzehnten geschaffen hatte.

Georg Heck wurde 1897 in Sachsenhausen geboren. Vom Waisenhaus (die Eltern waren früh gestorben) kam er in die Lehre zu einem Kunstschmied. Er machte den Krieg mit, geriet in Gefangenschaft, verdiente sich als Fabrikarbeiter eine Zeit lang sein Geld und hungerte sich durch, um in Frankfurt die Städelschule besuchen zu können, wo er Meisterschüler von Max Beckmann wurde.

In den 30er Jahren fand er seinen eigenen künstlerischen Stil, war freischaffendes Mitglied der Darmstädter Sezession und des Deutschen Künstlerbundes und stellte seine Werke im In- und Ausland aus.

1933 wurden seine Bilder als „entartete" Kunst auf dem Römerberg öffentlich verbrannt und 1944 verlor er einen großen Teil seiner wertvollen Stücke bei einem Luftangriff.

Er sprach nicht mehr gern von der Vergangenheit. „Ich lebe in der Gegenwart", sagte er und er plante eine Ausstellung. Er legte jeden Pfennig zurück, damit er wenigstens eine kleine Anzahl seiner umfangreichen Sammlung von Aquarellen, Graphiken und Holzschnitten hätte rahmen können.

Früher hingen seine Bilder im Frankfurter Städel und in der Kunstszene wurde Heck als Geheimtipp gehandelt. Die Stadt Frankfurt versprach ihm schon vor Jahren, für größere Atelierräume zu sorgen – aber beim Versprechen ist es geblieben.

Verbittert darüber, dass man heutzutage nicht mehr so viel an ihn dachte und von ihm redete, war Georg Heck gewiss nicht. Er war viel zu bescheiden, um für sich die Werbetrommel zu rühren. Vielleicht war er nur ein wenig traurig, dass die meisten seiner Schöpfungen im Verborgenen geblieben sind, in die Einsamkeit der eigenen vier Wände verbannt waren, – obwohl sie auch den Menschen in der jetzigen Zeit etwas mitzuteilen gehabt hätten.

Seine Frau sagte, dass er ein Einsiedler gewesen sei, einer, der sich bewusst abkapselte, sich versteckt hielt vor einer Umwelt, in der Hektik und laute Betriebsamkeit vorherrschte. Heck aber liebte und schätze die Stille. Er brauchte keine Denkanstöße und keine Impulse, keine Eindrücke oder Anregungen von außen.

Wenn er vor der Staffelei stand – und er arbeitete täglich ein paar Stunden mit Pinsel und Farben – dann kamen die Inspirationen und Ideen aus seinem Inneren, aus der ureigenen Erlebniswelt und Fantasie. Er malte alles und jeden. Expressionistisch, naturalistisch, manchmal surrealistisch, und er probierte ständig neue Techniken aus. „Man darf nicht erstarren, man muss in Bewegung bleiben", war sein Leitmotiv.

Seine Themen: gegenstandslose und abstrakte Formen, Farben, ein harmonisches Zusammenwirken von Flächen, Kreisen, Linien, Punkten.

Aber auch die Natur faszinierte ihn: Das Meer, der Wald, die Bäume, dann der Mensch, seine Nöte, Ängste, Zwänge, seine Freuden. Meist verzichtete Heck auf einen Titel, damit der Besucher nicht von vornherein festgelegt und selbst am Denken gehindert wäre.

Manche seiner Werke erinnerten in den graphisch strengen Perspektiven an einen Lyonel Feininger, andere wieder mit den explosiven Farben, Formen, Vierecken und den turbulenten Bewegungen und welligen Linien an Wassily Kandinsky.

Die Musik inspirierte ihn. Einmal hatte er nach einem Violinkonzert ungestüme schwarz-weiße Graphiken gestaltet, die sich nur zögernd dem Betrachter erschlossen haben.

Ein besonders schönes Aquarell nannte er „Fuge in Blau“ und seine Holzschnitte waren von einer monumentalen Einfachheit, voll Aussagekraft und ästhetisch in ihren Proportionen. Berühmt war auch sein Selbstbildnis, das ihn als jungen Mann zeigte.

Er hat es nicht mehr erlebt, der Georg Heck, dass er und seine künstlerischen Werke doch noch gewürdigt wurden.

„Seine Bilder sind getränkt mit dem ganzen Reichtum seiner Seele“, sprach Frankfurts Kulturdezernentin Linda Reisch bei der Eröffnung einer Ausstellung von Aquarellen und Holzschnitten des oft als „Hungerleider von Nied“ verspotteten und vergessenen Künstlers Georg Heck.

Die eindrucksvolle Retrospektive hatte der später gegründete „Kulturkreis Georg Heck“ realisiert und organisiert, der sich auch um den Nachlass kümmert.

Der scheue Künstler, dessen eigene Hoffnungen und Träume einst im Feuer der Bilderverbrennung zerbarsten, er hätte sich über so viel Anerkennung gefreut.

In jener Zeit notierte er unter dem Titel „Weisheiten, Splitter eines nackten Körpers“: „Ich laufe daher wie ein Fremdling und habe doch Hoffnung. Ich bin untröstlich und doch wieder heiter. Vom Leben liebe ich das Sichtbare – und fühle die Tiefe in mir. Das ist mein inneres Reich, in dem ich groß bleiben will."

Im Jahre 1982 starb Georg Heck. So hat er auch die Präsentation seiner Arbeiten anlässlich seines 100. Geburtstags in der Frankfurter Kunsthalle Schirn nicht mehr erleben dürfen.

Nicht mehr den Ansturm der Besucher gesehen, die sich vor den Blättern mit den grazilen Figuren aus der Mythologie, vor den strengen, schwarz-weißen Holzschnitten und vor seinen Bildern in der typischen leuchtenden Farbigkeit nur so drängten.

Vor fünf Jahren wurde im Kasino des ehemaligen IG-Hochhauses von Hans Poelzig – das inzwischen zum noblen Domizil der Frankfurter Goethe-Universität geworden ist – ein großes pastellfarbenes Fresko freigelegt. Das Kunstwerk der Klassischen Moderne zeigt antike Szenen aus „Arkadien": Traumlandschaften mit tanzenden Nymphen, einem Pan mit Flöte, graziösen Jünglingen und elegischen Jungfrauen als Lautenspielerinnen.

Es galt lange als „reife" Leistung von Max Beckmann. Namhafte Professoren und Kunstsachverständige rühmten seine Schönheit und Ausdruckskraft, schrieben ganze Abhandlungen darüber und priesen es als Kunstwerk von hohem Wert. Doch die Fachleute irrten. Das Wandbild mit den Hölderlin-Zeilen: „Komm. Es war wie ein Traum! Die blutenden Fittiche sind ja schon genesen. Verjüngt leben die Hoffnungen all!" war kein „Beckmann", sondern „nur" ein Heck.

Den Auftrag für das Gemälde verdankte Georg Heck Lilly von Schnitzler, einer Frankfurter Kunstsammlerin und Mäzenin. Da Lilly mit Max Beckmann befreundet war, der damals an der Städelschule eine Meisterklasse unterrichtete, empfahl ihr dieser für die Ausgestaltung des Roten Salons vermutlich seinen Meisterschüler Georg Heck.

Seit der Nazi-Zeit als „entartet" übertüncht, harrte es seiner Freilegung, auf die Georg Heck vergeblich gehofft und die er selbst nicht mehr erlebt hat. Dieser Triumph war ihm nicht mehr vergönnt!

Kopftücher, die im Wind flattern

Montagsmorgens um halb acht hängt eine „höchst" gereizte Stimmung über Höchst.

An der Dalberg-Anlage sind sich zwei Wagenlenker in die Quere gekommen, einer steigt aus, gestikuliert wild und schreit sich den Zorn von der Seele. Der Verkehrslärm aber hat den Wutausbruch unheimlich schnell wieder verschlungen.

Wenig später schneidet ein blauer BMW eine rote Ente, Bremsen quietschen, Leute schimpfen, ein Betrunkener torkelt mühsam über die Straße.

In der Volksbank haben sie nachts die großen Glasscheiben eingeworfen. Einen Haufen Scherben. Splitter.

Ein Polizist sperrt ab, ein Besenmann erscheint. Aus der Bäckerei an der Ecke der warme Geruch nach frischem Brot. Zwei Politessen unterbrechen ihren Kontrollgang und kaufen von dem Brot.

Blutrote türkische Parolen sind auf das Haus in der Justinuskirchstraße aufgesprüht. Kinder, auf dem Weg zur Schule, bleiben stehen, rätseln, was die wohl bedeuten.

8.15 Uhr. Es fängt an zu regnen. Ein kühler Wind zerrt an den gelben Krokussen, die längs des Bahndamms vor sich hin blühen.

Auf der Bank an der Promenade liegt einer zusammengekauert und friert. Unter der Bank scharren Amseln, lassen sich auch nicht stören, als der Mann wach wird, sich umständlich erhebt.

Ein fleckiger Mantel, ein graues Gesicht!

In der Hostatostraße stehen drei Fahrzeuge vom ASB. Eines von ihnen bläst stinkende blaue Schwaden in den regentrüben Höchster Himmel. Und das schon zehn Minuten lang. Als der Fahrer, bepackt mit Paketen, endlich erscheint, wird er brutal von einem Lastwagen attackiert, der sich hautnah an ihm vorbeiquetscht. Im letzten Moment kann der Arbeiter-Samariter zur Seite springen.

Aus vielen offenen Wunden blutet die Stadt. Baustellen, wohin das Auge blickt. Gräben, Furchen unserer Zeit. Menschen hetzen, hasten, rennen, eilen. Schulkinder mit erwachsenen, tieftraurigen Augen. Keine guten Zeiten für Heiterkeit!

Soziologen sollten sich einmal mit diesem Frankfurter Stadtteil befassen, mit jenem hektischen Höchst mit seinem laut brüllenden Verkehr, mit einem krankmachenden Klima der Aggressivität, das auch eine heile Altstadt-Idylle nicht überdecken kann.

8.30 Uhr. Ein Autofahrer kurvt rücksichtslos über den Bürgersteig, bringt eine alte Frau in Gefahr. Flüche hallen ihm nach, ein Mann schwingt die Faust. Dann schon wieder ernste, gehetzte Gesichter – obwohl der Tag erst begonnen hat: Schulgesichter, Bürogesichter, Fabrikgesichter – verbissen und verspannt.

9.00 Uhr. Eine Gruppe von Türkinnen steigt aus dem Bus. Ihre Kopftücher flattern im Wind. Ihre Kleidung ist schreiend bunt, zögernd überqueren sie die Straße, als die Ampel auf Grün springt. Einige von ihnen halten sich an der Hand der anderen fest.

9.15 Uhr. Vor dem Reisebüro, wo sie Sonne und blaues Meer verkaufen, ist ein alter Mann zusammengebrochen. Kalkweiß ist er, leblos erscheint er. Passanten halten ihn aufrecht wie eine Puppe.

Sekunden später der schrille Ton des Notarztwagens.

Der Regen hat aufgehört, am Himmel zeigt sich Blau zwischen Grau, eine junge Mutter auf der anderen Straßenseite fährt übermütig ihren Kinderwagen in schlängelnden Zick-zack-Linien und ein Kind juchzt vor Vergnügen.

Dieb

Ich komme wie ein Dieb in der Nacht
Um die Vergangenheit zu stehlen
Die dunkelgrauen Gedanken
Und die schlaflosen Nächte
Will ich vergraben und vergessen
Ich komme, um die Vergangenheit zu stehlen
Aber da hatte man die Zukunft schon geraubt!

Karottenstückchen für „Albert"

Herbststimmung unter den alten Platanen im Rödelheimer Brentanopark. Dürr sind die Äste und der Boden unter ihnen ist mit braunem Laub angefüllt. Ein leichter Wind bläst die sonnenvertrockneten Blätter vor sich her.

Die jungen Bäume tragen noch ihre grüne Krone, sehen gesünder aus als die Veteranen.

In den Kleingärten explodieren die Sonnenblumen, ragen riesig in den blassblauen Himmel, machen der Herbstsonne Konkurrenz. Kürbisse wachsen wie große gelbe Monde aus dem braunen Erdreich. Der Herbst feiert Oktoberfest!

In einem der Gärten nahe der Nidda faulen die Äpfel im Gras. Buben mit Plastiktüten klettern über den Zaun. Aber nicht die Äpfel reizen sie, sondern der mächtige Nussbaum, der seine dickschaligen Früchte jetzt abwirft.

Auf dem Wochenmarkt verkaufen sie den Herbst pfund- und kiloweise. Zwei Pfund blaue Trauben, Kur geeignet, drei Kilo Äpfel für den Obsttag – aber von der Boskop-Sorte, bitte schön!

„Die Pilze sind heute besonders günstig", sagt der Mann neben dem Stand mit den flammenden

Astern und zeigt auf das Schild, das inmitten goldgelber Pfifferlinge steckt.

Die Hausfrauen bleiben zwar stehen, zögern einen Augenblick und greifen dann doch lieber zum preiswerteren Weißkraut.

In der Altstadt riecht es nach Pizza. Brigitte vom Kunterbunt-Lädchen ist auf die Straße gegangen, um ihre Messeneuheiten unter die Leute zu bringen. Kinder und Rentner sind ihr dankbarstes Publikum.

Durch das Gewühl in der Stadt fährt plötzlich ein großer, bunter Farbklecks. Der 53er, poppig rot und blau bemalt, macht rollend Reklame für irgendeinen Jeans-Shop.

Rote Beeren in den Vorgärten am Bach. Auf der Böschung spielen die wilden Kaninchen Nachlauf. Einen besonders zutraulichen Flitzer haben tierliebe Anwohner „Albert" getauft. Ihm und den anderen Alberts werfen sie von den Balkonen Karottenstücke und Äpfelschnitzel zu.

In Alt-Unterliederbach duftet es nach Kuhstall und beim Löwenwirt nach frischem „Süßen". Vor der Kirche ist die Kerb aufgebaut. Das futuristische Karussell bildet einen merkwürdigen Kontrast zur Dorf- und Fachwerkidylle. Im Kerbewagen essen die Karussellbesitzer gerade Abendbrot.

Vorbei am herbstlich aufgeputzten Graubnerpark mit dem Herrenhaus des Lederfabrikanten Carl

Graubner aus der Zeit von 1880 zur neuen, modernen Tennishalle am Geißspitzweg, wo die Bälle hin- und herfliegen und die Jünger des weißen Sports sich spannende Duelle liefern.

Herbsttage. Auch in und um Frankfurt herum können sie schön sein! Wenn's nicht gerade regnet und stürmt!

Auf dem Weg in die Welt

Im Bankinstitut wartet er geduldig in einer Schlange.

Er wirkt nervös und sein Sparkassenbuch hält er krampfhaft mit beiden Händen fest.

Als er an der Reihe ist, hören die anderen Wartenden mit Staunen seine Geschichte: Er ist Ostaussiedler und wohnt seit zehn Jahren in Frankfurt. Verwandte und Angehörige leben in Australien und in Amerika. Die will er besuchen.

Jahrelang hat er eisern gespart, zuerst Pfennig auf Pfennig, Mark auf Mark gelegt, später dann Cent und Euro gesammelt, um die Reisekosten zusammenzubekommen.

Für den Flug über den großen Teich hat er jetzt alles Geld beisammen; die Passage nach Sydney bezahlt der alte 95-jährige Onkel.

4.000 Euro nimmt er schließlich in Empfang und zählt mit zitternden Fingern die Scheine. Die Kassiererin wünscht ihm Glück; erst in einem Jahr wird er die neue Heimat Frankfurt wiedersehen.

Als die Umstehenden ihm ebenfalls „Gute Reise" zurufen, lächelt er, geht reihum und gibt jedem die Hand.

„Danke schön" und „Gott segne Sie", sagt er in seinem harten Deutsch – ehe er die Tür öffnet.

„Strickliesel“

Sie stand auf dem Bahnsteig Nummer 2 in Wiesbaden und wartete auf die S-Bahn Richtung Frankfurt-Hauptwache.

Die Freundin sagte „Liesel“ zu ihr.

Dann kam der Zug, sie stieg ein und kramte aus der Tasche ein Strickzeug. Ein Pullover war da am Entstehen, gelb und rot gekringelt.

Die „Liesel“ fing an, mit den Nadeln zu klappern – zwei rechts, zwo links im S-Bahn-Takt – und plötzlich stockte sie, schien irritiert.

Sie schaute angestrengt und begann leise zu zählen, irgendwo musste ein Fehler sein.

In Höchst stieg eine ältere Frau in den Wagen, übersah mit einem Blick die Nöte der jungen Strickerin und gab spontan Hilfe beim „Abnehmen“.

Bald waren sie in ein Fachgespräch vertieft, die Jüngere und die Ältere. Es ging um Muster und Maschen, um Ärmelbündchen und um modische Kragen.

An der Hauptwache schließlich trennten sie sich als zwei Verbündete, die Frau und das Mädchen.

Sie gingen noch eine Weile nebeneinander durchs Menschengewühl und hatten die Köpfe zusammengesteckt, bis die Ältere von der Rolltreppe hinunter zur U-Bahn verschluckt wurde.

Traum

Die Hügelkämme emporsteigen
Durch das Zwielicht den Regen ertasten
Dem Schwalbenflug bitteres Erkennen
dranhängen
An einen Sommer im Jahr des Krieges – 1944
Geheimnisse vergessen und rotweinfleckige
Erinnerungen beschwören
Wach werden und schwer atmen
Den versöhnlichen Blick in die Bäume richten
Und die Nacht aus den Gliedern schütteln

Oskar – ein Tippelbruder

Er hat mit letzten Pinselstrichen sein jüngstes Bild vollendet.

Nun sitzt er in der Gaststätte „Zur Endstation“ in der Zuckschwerdtstraße und betrachtet das künstlerische Werk, das er für Kost und Logis angefertigt hat.

Vor seinen Augen breitet sich die farbenprächtige Kulisse von Alt-Höchst aus. Die Silhouette mit Justinuskirche und Schloss hat er genau hinbekommen und als Reverenz an die „gute alte Zeit“ hat er noch einen alten Fischerkahn auf dem Main dazu gemalt.

Der Künstler ist von Haus ein Bayer und ein kleines bisschen sieht er auch so aus, mit dem Gamsbart auf dem grünen Jägerhut und dem Schnauzbart im wettergegerbten, pfiffig-verschmitzten Gesicht.

Sein Name ist Oskar Strassner; er ist ein Tippelbruder und Landstreicher, einer, dem die große Freiheit über alles geht. Der überall und nirgends zu Hause ist, dessen Bett der Schlafsack, dessen Kopfkissen oft ein harter Baumstamm und dessen Schlafzimmerdekor der nachtblaue Himmel mit den Sternen ist.

Dabei macht der Oskar feine Unterschiede, wenn es um den Begriff „Landstreicher“ geht. „Ich bin kein

Pennbruder", erklärt er. „Meine Kumpels von der Landstraße sind Berber, das heißt Nomaden. Wir sind Arbeiter ohne festen Arbeitsplatz, aber wir verdienen uns, was wir zum Leben brauchen, und mit der Polizei stehen wir allzeit auf gutem Fuß."

Sein Leben lebt der Oskar draußen bei Mutter Natur. Nie hält es ihn lange an einem Ort, in einer Stadt.

Der gebürtige Bayer ist ein vielseitiger Zeitgenosse mit mannigfaltigen Talenten.

Vom Vater hat er die Liebe zur Musik geerbt und sie auch vor vielen Jahren ernsthaft studiert. Eine Zeit lang war er Alleinunterhalter und hat eine eigene Kapelle gehabt. Noch jetzt spielt er oft in Dorfgasthäusern zum Tanz auf.

Dann fing er mit dem Schnitzen an. Holzreliefarbeiten, kleine und große Skulpturen, manchmal auch hölzerne Flaschenkorken mit Gesichtern drauf für eine Kunststube.

Eines Abends saß er in einer Wirtsstube und wollte sich ein Glas Bier genehmigen. Das hätte 1,80 Euro gekostet und er hatte nur noch 1,50 in der Tasche. Da hat er sich ans Klavier gesetzt und später noch das Akkordeon dazu geholt und stundenlang musiziert. Dabei fiel sein Blick auf die kahle, nackte Wand. Da schlug er dem Wirt vor, dass er die bemalen wolle. Der war begeistert. Da der Wirt ein Marokkaner war, hat er ihm „maurische Impressionen" draufgepinselt.

So ist er, der Tippelbruder Oskar Strassner. Er will ein wenig Anerkennung und Beachtung von seinem Mitmenschen, er möchte ab und zu einen guten Schluck trinken, er will satt zu essen haben und vor allem frei leben können.

Dabei könnte er mit seinen Talenten ein sorgenfreies, bürgerliches Leben führen.

Seine Holzbildkunst ist hochgeschätzt und viel gefragt. So mancher Bürgermeister will ihn nicht mehr los lassen, wenn er bei ihm auftaucht und ihm dekorative Holzwegweiser schnitzt oder anspruchsvolle Hinweisschilder für Naturlehrpfade und Kinderspielplätze.

Gesund ist er, der Umherziehende. Krank war er eigentlich noch nie. Irgendwann einmal hat ihn ein Arzt untersucht und festgestellt, dass sein Innenleben unverwüstlich ist und aus lauter Kupfer- und Stahldrähten besteht.

So etwas freut den 55-Jährigen, der sich auch seine eigene Lebensphilosophie zusammengebastelt hat.

„Manchmal, wenn etwas schiefläuft, dann schimpfe ich mit dem da oben", sagt er, „dann sage ich ‚Hallo, alter Bursche, du hast mich ganz schön im Stich gelassen', aber dann geht's meistens nach ein paar Tagen wieder aufwärts und dann entschuldige ich mich."

Für einen Fabrikanten hat er einmal den Heiligen Kilian, den Schutzpatron von Würzburg, schnitzen müssen, und er hat den streitbaren Heiligen mit dem Schwert in der Hand aus einem einzigen Block Lindenholz herausgeschnitten. Der künftige Besitzer war beeindruckt und hat ihm eine komfortable Unterkunft im Hotel zum Schwarzen Adler verschafft.

Dort hat er es nicht lange ausgehalten, ist lieber wieder auf die „Walz“ gegangen, ist durch halb Deutschland marschiert, durch Wälder und durch Wiesen, hat viel gesehen unterwegs und viel erlebt. Hat an Flüssen und Bächen seine Kleider gewaschen und anschließend Freiluftbäder genommen, hat über seinem Kopf die Vögel pfeifen gehört und sich gefreut, dass er zur Zunft der „fahrenden Gesellen“ zählt.

My money is futsch

Nebelnässe und Nieselregen. Sie stand an der Bushaltestelle und sie sah in ihrem bunten Wollponcho und der spitzen Mütze aus wie eine Bergbewohnerin aus Tibet.

Ihre Augen waren wach und offen, ihr Lächeln einladend.

Man kam miteinander ins Gespräch. Sie wollte nach Sindlingen, eine Freundin besuchen. Sie selbst ist Amerikanerin – Medizinstudentin aus Boston – und auf großer (Deutschland-) Fahrt.

Ihr schwerer Rucksack drückte sie beinahe bis auf den Boden herab, auf ihrer Stirn glitzerte es feucht. Keine Regentropfen, sondern kleine Schweißperlen.

Die Freundin in Sindlingen ist Entwicklungshelferin und auf Heimaturlaub zu Hause. Das Mädchen aus den USA und die Monika vom Main hatten sich auf einem Indien-Trip getroffen. „Sie war ein unheimlich guter Kamerad", sagte das US-Girl und freute sich sichtlich auf die Augen von „Moni" und auf den Überraschungseffekt bei ihrem Auftauchen.

Auch hier, in Höchst, hatte die Amerikanerin „gute Kumpels", die sie in ihrer Bude übernachten ließen. Die Farbenstadt kannte sie bereits aus den Erzählungen ihres ältesten Bruders, der nach dem Krieg kurze Zeit beim Soldatensender AFN gearbeitet hatte.

Viel hatte sie von Höchst noch nicht gesehen. Nur dass es ein „Romantic"-Schloss gab, das war ihr bekannt.

Auf der Suche nach einem preiswerten Esslokal freilich tat sie sich schwer. „Noch teurer als bei uns", lachte sie und: „My money is bald futsch."

Als der Bus nach Sindlingen längere Zeit auf sich warten ließ, holte sie eine Mundharmonika aus ihrer Tasche, ließ den Tornister zu Boden gleiten, hockte sich auf die Rückenlehne der Bank, baumelte mit den Beinen und spielte den alten Bob-Dylan-Song „A Hard Rain's a-Gonna Fall", während als Begleitmusik kalte Regentropfen aufs Höchster Pflaster klatschten.

Die Fahrgäste drum herum wussten indes nichts mit dem Open-Air-Konzert anzufangen. Unbeteiligt und stumm, ohne sichtliche Regung standen sie in Warteposition oder blickten scheinbar interessiert in den trüben Höchster Himmel.

Ein alter Mann nur pfiff die Melodie mit und strahlte über das ganze Gesicht.

Als der Bus endlich um die Ecke bog, machte der Regen eine Pause, und die junge Frau aus Boston verstaute mit langsamen, ruhigen Bewegungen ihr Gepäck und winkte beim Abfahren den Zurückgebliebenen aus dem Fenster freundlich zu.

Da hoben sich wie auf Kommando zehn Hände und winkten zaghaft zurück.

Der alte Kapitän

Das ist die Geschichte von einem, der nach einem bewegten und stürmischen Leben den Anker auswerfen wollte, um seinen Seelenfrieden zu finden.

Zweimal hat er das Kap Horn umsegelt, war fünfzig Jahre auf allen Weltmeeren zu Hause, ist auf der „Pamir" gefahren und hat mit der legendären „Padua", dem größten Segler und heutigen russischen Schulschiff, den Globus umrundet.

Er war oft in Seenot, wurde vor Madagaskar von Piraten bedroht, hat Flauten erlebt und mit Walen gesprochen.

Er war Schiffsjunge, Leichtmatrose, Kadett und Offizier, Steuermann und Kapitän und später hat er viel Geld verdient in Irland und in Nigeria als Berater und Experte in Sachen Schifffahrt.

Er kennt Dutzende von spannend-schönen, ungeschriebenen Geschichten, bastelt im Winter Buddelschiffe (die er meistens verschenkt) und er hatte vor, als Krönung seines bewegten Lebens, das erste und einzige Schifffahrtsmuseum am Main im Frankfurter Stadtteil Höchst einzurichten.

Sein Name: Erich Albrecht. Seine Adresse: Am Mainberg 4, Hausboot.

Den fast 70-jährigen, in Ehren ergrauten Fahrensmann, verschlug es irgendwann nach Hessen. Er ankerte mit seinem Wohnschiff an der Niddamündung, genannt Wörthspitze, zwischen einem bekannten Hotelschiff und einem zweiten Hausboot, dessen Eigner der Weltenbummler und Künstler van Lücht war.

Mit seinen Ersparnissen hatte sich der alte Seebär einen lang gehegten Wunsch erfüllt und einen ehemaligen Munitionsträger aus dem Zweiten Weltkrieg mit einem soliden Rumpf aus Eisen gekauft, um fortan darauf seinen Lebensabend zu verbringen.

Die Genehmigung, auch tatsächlich am Mainufer anlegen zu können, enthielt das amtliche Schreiben vom 18. Mai 1979 des Magistrats der Stadt Frankfurt, Stadtentwässerungsamt, als Eigentümer des Grund und Bodens.

In diesem Brief teilte die Behörde dem Erich Albrecht mit, dass sie mit dem Platz an der Niddamündung einverstanden sei und „dass wir auch gegen die Benutzung der Steintreppe als Auflage für den Landgang nichts einzuwenden haben."

Der ehemalige Seefahrer fing an, es sich auf seinem derart amtlich abgesegneten Haus auf dem Fluss gemütlich zu machen. Er richtete sich maritim ein, wie in einer Kajüte, pinselte das Holzwerk rot und weiß an, stellte Blumenkübel auf und begann mit den ersten Vorbereitungen, im hundert Quadratmeter großen Bauch seiner „Venus" in naher oder ferner Zukunft einmal ein kleines nautisches Museum zusammenzustellen.

Der Bürgervereinigung Altstadt allerdings war das Hausboot mit seiner „verklinkerten" Fassade ein Dorn im Auge. Sie war der Meinung, dass das Wohnschiff ein „Fremdkörper" sei, der nicht in das historische Stadtbild von Höchst passe.

Albrecht dagegen wollte nicht einsehen, dass sein Kahn die Höchster Kulisse beeinträchtigt. Im Gegenteil, ebenso wie in Amsterdam würde das schwimmende Domizil gerade zu einer Belebung beitragen, fand er und berief sich auf die Entzückungsrufe vieler fremder Besucher, denen er bereitwillig seine Haustür öffnete, wenn sie sich bei ihm umschauen wollten.

Auch die Enten und Möwen umkreisten immer wieder neugierig das Schiff des alten Kapitäns und der elegante Reiher Henry im Hintergrund hielt seine tägliche Wache.

Aber nicht nur die Denkmalschützer, auch der älteste Höchster Verein, die Fischerzunft, schlug Alarm, weil er seine privilegierten Uralt-Rechte in Gefahr sah. An eben jener Stelle, wo nun das Hausboot auf den trüben Fluten der Nidda schaukelte, lag jahrhundertelang der Nachen mit den Netzen der Fischer.

Schließlich korrigierten auch die Wasserprofis in Frankfurt ihre zuvor erteilte Liege-Erlaubnis als

„bedauerlichen Verwaltungsfehler“ und räumten dem alten Kapitän eine „großzügige Frist“ zur Entfernung seines schwimmenden Hauses ein. „Denkmal- und Landschaftsschutz“ nannten sie als Gründe.

Wie ist das Gerangel letztendlich ausgegangen? Der Ex-Kapitän hat sein „Wasser-Haus“ mit Pinsel und Farbe weiterhin neu aufgemöbelt und war fest entschlossen, um seinen Altersruhesitz zu kämpfen.

„So leicht gebe ich nicht auf“, sagte er damals, „ich hab' schon so manchen Sturm auf dem Ozean überlebt!“

Man erzählt sich, dass er freilich nicht mehr lange sein Hausboot genießen konnte und auch aus seinen Plänen für ein eigenes Museum ist nie etwas geworden, denn seinem Kampf um einen Ankerplatz machte der Tod ein Ende.

Heute schwimmt das alte Kriegsschiff aus den 40er Jahren, das von dem alten Seemann zu dem schmucken Hausboot „Venus“ umgebaut worden war, noch immer idyllisch an der Niddaeinmündung in den Main. Es dient manchmal als Disko, Bar und Clublokal für Rockmusikveranstaltungen.

Leben in der Vergangenheit

Der Gedichtband „Stadtnacht“ mit den Illustrationen von Max Beckmann ist längst vergriffen. Im Herbst 1920 erschien er in 600 nummerierten Exemplaren und galt nicht nur in literarischen Kreisen als Rarität, stellte er doch in Form und Aussage ein einzigartiges Dokument der Lyrik des deutschen Expressionismus dar, als der wichtigsten kulturellen Anti-Kriegsbewegung jener Zeit.

Um die Dichterin der „Stadtnacht“, der stark sehbehinderten Lili von Braunbehrens, einer liebenswerten späteren Frankfurterin und talentierten, geistreichen Künstlerin, die schon lange nicht mehr lebt, und die zuletzt zurückgezogen und beinahe vergessen in einem Heim in Bad Nauheim wohnte, ist es still geworden.

Dabei war ihr Werk einst Rebellion gewesen gegen sattes Bürgertum, gesellschaftskritisch und aufbegehrend zugleich.

Ihre Gedichte spiegelten die Zerrissenheit einer ganzen Epoche wider, das Verstörtsein der Menschen in der Anonymität der großen Städte, ihre Entfremdung und die wilde Sehnsucht nach Frieden.

Mit beklemmenden Worten analysierte und reflektierte Lili von Braunbehrens. Sie riss dem

Dämon „Großstadt" schonungslos die Biedermann-Maske vom Gesicht, schrieb vom Inferno und der Zerrissenheit, von einer brutalen Gleichgültigkeit und von der Isolierung des Einzelnen. „Verschließe deinen Schmerz in der Berge Tiefe und alle Lust wird sehen deine Tat."

Ihre Kritik, am Frankfurt der 20er Jahre orientiert, ihre eindrucksvollen Verse über den erlebten Alltag („ich erinnere mich an die Schnurgasse und an die Kaschemmen dort, an die plumpen kahlköpfigen Gestalten im Dunst der Alkoholschwaden, unter den Klängen eines brüchig schreienden Orchestrions ...") inspirierten Max Beckmann zu seinen berühmten Bildern mit den mannigfaltigen düsteren Großstadt-Szenen.

Lili, die als Tochter eines preußischen Offiziers in Berlin geboren wurde, mit der Familie dann nach Frankfurt übersiedelte und ihre schulische Ausbildung an der Blindenanstalt Neuwied erhielt, lernte im Kriegswinter 1915 den Maler Max Beckmann auf einer Gesellschaft im Kreis der Battenbergs im Ratskeller kennen.

Der erste Eindruck von ihm blieb dem jungen Fräulein von Braunbehrens unauslöschlich. Sie führte mit ihm lange Gespräche. Traf sich regelmäßig mit ihm und bezeichnete in ihrem Tagebuch die Begegnung als „Höhepunkt in meinem Leben".

Ihre Gedichte für ihn schrieb sie unter Mühen auf eine Blindentafel, mit einem eigens dazu angefertigten Stechstift, meist bei Mondschein im dunklen Zimmer, um durch das Stechgeräusch die Mutter nicht zu stören.

Jahre später, als die „Stadtnacht" lange schon erschienen war, fügte Lili ihren Erinnerungen an die Freundschaft mit Beckmann noch einmal eine fragmentartige Prosaschilderung hinzu: „Gestalten und Gedichte um Max Beckmann".

1978 veröffentlichte die Lyrikerin unter dem Titel „Hat der Mond dich betrogen, nimm eine Handvoll Sterne" in einem schmalen Bändchen der Collispress eine Auswahl ihrer von 1967 bis 1970 geschriebenen Gedichte.

Die musische Begabung der Lili von Braunbehrens beschränkte sich nicht allein auf das Schreiben, auch als Liedersängerin und Chansonette machte sie sich im Berlin der zwanziger Jahre einen Namen.

Ihre Gedichte, Erzählungen, Novellen, ihre Liedertexte und ihr Tagebuch, in welchem sie ihre Gedanken über die Begegnungen mit Max Beckmann niederschrieb, aber auch Unvollendetes und Unveröffentlichtes, bewahrte sie sorgsam auf. Viele ihrer Manuskripte gingen während oder nach den Kriegswirren verloren. Der Anfang eines Romans fand nie den Weg aus ihrer Schublade heraus.

Ihre körperliche Behinderung, das fehlende Augenlicht und die daraus resultierende Hilflosigkeit mögen der Grund sein, dass die große dichterische Begabung der Lili von Braunbehrens nicht annähernd so gewürdigt wurde, wie sie es verdient hätte.

Radfahrer in Frankfurt

Haarscharf rauschen sie auf den Bürgersteigen an den Fußgängern entlang. Schlängeln sich um Rollstühle und Kinderwagen, quetschen sich an frei laufenden Kindern und Hunden vorbei. Freie Fahrt den Mutigen.

Vor 38 Jahren schon – so steht es in einem alten vergilbten Zeitungsartikel, – hat Frau T. die „Unsitte" erwähnt, dass jetzt „auch die Radfahrer wie wild auf den Trottoirs fahren und man als Spaziergängerin mit allem rechnen muss".

Recht hat sie, die Frau T. Eigentlich sollte man meinen, dass man dort zu Fuß gehen darf, wo „Bürger" zu Fuß gehen dürfen – auf dem „Bürgersteig". Aber längst schon ist der „Steig" auch für die anderen da. Für die rücksichtslosen Autofahrer, die ihn als Parkplatz benutzen und für die rasenden Radfahrer, die so manchen schlendernden Flaneur buchstäblich an die Wand gedrückt haben.

Der Dom

Um seine Turmspitze kreisen schwarze Vögel.

An warmen Sommertagen sitzen vor seinem Portal die Stadtstreicher und die Obdachlosen, aggressive und friedfertige, und die Bettler und Schnorrer, die Gestrandeten und die Straßenmusiker und die Punkmädchen, die ihren Joint weiterreichen.

Auf einem Zettel, an der Wand befestigt, wird der frühe Drogentod eines Jungen beklagt und einer, der in der Ecke hockt, hält die Hand auf, als zwei Nonnen flüsternd in den Dom hinein treten.

Drinnen der warme Geruch alter Kirchen, die Mischung aus Weihrauch, Wachs, Holz und Staub – und ein Gefühl der ewig gleichen Rituale, die in den Mauern eingebettet sind.

Still ist es, der Lärm wird ausgesperrt. Ein Vater zeigt seinem Kind die Kreuzigungsgruppe und Studenten lauschen dem Vortrag ihres Kunstprofessors.

Sankt Bartholomäus heißt der Dom zu Frankfurt am Main, und gegründet auf den Resten einer kleinen merowingischen Kapelle aus dem Jahr 680, ist er ein Sinnbild deutscher Geschichte und war einst Ort der Kaiserwahl und der Kaiserkrönung.

Zweimal wurde er zerstört und zweimal wieder aufgebaut.

1867 ist er in einem wilden, zügellosen Feuersturm abgebrannt und 1944, beim Untergang von Frankfurt, erlitt er große Wunden durch die Bomben und sein Inneres brannte lichterloh – wie schon anno 1867.

Nach dem Krieg wurden die von den Nazis verschleppten Glocken wieder entdeckt und auch der Star unter ihnen, die „Gloriosa", durfte erneut feierlich in den Dom einziehen und zusammen mit allen anderen Glocken der Innenstadtkirchen das einzigartige große Frankfurter Stadtgeläut anstimmen.

In den frühen neunziger Jahren fanden Archäologen in der kleinen Kapelle das Grab eines jungen adeligen Mädchens, das sie als eine merowingische Fürstentochter erkannten.

Jahrtausendelang schlief das schöne Kind, reich geschmückt, in seiner kalten Gruft – ein Dornröschen seiner Zeit!

Der Wind steht still …

Schläfrige Stille im Park. Licht und Schatten hinter hohen Bäumen. Gänseblümchenwiesen, Teichhühner und Sonnenkringel unter grünem Blätterdach.

Ein Flirren in der Luft, die Hitze setzt sie alle matt, die Entenfütterer und die Rentner, die Jogger und die jungen Liebespärchen.

Schwitzen im Gras, das gelb geworden ist und unter dämmrigen Büschen.

Rück ein Stück zur Seite, Angelika, damit ich nicht in die Sonne blinzeln muss.

In der Stadt läuten die Glocken der Nikolaikirche die Mittagszeit ein und die Touristen auf dem Römerberg wischen sich den Schweiß von der Stirn.

Ein Mädchen hat sich seine Schuhe ausgezogen und läuft barfuß weiter.

Heiß ist es, wohl 34 Grad und mehr auf dem Asphalt.

Frühmorgens schon ein hortensienblasser Himmel.

Im Reisebüro verkaufen sie die Karibik im Sonderangebot. Palmen, Traumstrände und Sehnsüchte für wenig Geld. Daneben Italien pur! Auf dem Canale Grande schwimmen Gondeln, wie fremdartig aufgeputzte Vögel.

Der Frau am Kiosk kleben die Hände am Geldschein; eine Kundin reicht ihr ein Erfrischungstuch. Solidarität an einem heißen Tag.

Am Bahnhof ein paar Tauben nur. Der Taxifahrer in der zweiten Reihe streicht sich eine feuchte Haarsträhne aus dem Gesicht.

In Sachsenhausen reißen sie wieder einmal die Straße auf. Einer der dunkelhäutigen Männer schüttet sich eine Flasche Sprudel über den Rücken und lacht, während die Wassertropfen wie Perlen in der Sonne glitzern.

Unten am Main flöten Amseln in Stereo, übertönen den lärmenden Autoverkehr.

Die Vagabundin mit den beiden schwarzen Hunden und ihrem alten Freund mit den tausend Falten um die Augen hat sich – wie das Mädchen vom Römerberg – Schuhe und Strümpfe ausgezogen und sich zusammengerollt wie die Tiere zu ihren Füßen.

Ein Schluck auf dich, Gretel, sagt der Mann und setzt die Flasche an.

Windstille. Irgendwo heult ein Hund, weint ein Kind, hört man aus einem geöffneten Fenster das leise Ticken einer Uhr.

Nicht enden wollende Tage in den Schrebergärten im Taunus. Ein Schöppchen für Karl und eins für Maria.

Der Gartenzwerg fürs Gemüt, kühle Erfrischung durch den Gartenschlauch.

Träume von Heckenrosen, Lilien und Rittersporn.

Abends Grillbratwürste und Kartoffelsalat und eine Lichterkette aus roten und blauen Lämpchen.

Hinter der Mainzer Landstraße, neben Brachgelände, rostenden Schrottautos und den Neubauten der genormten Langeweile, weiden Schafe und Ziegen. Einmal wurden auch drei Kühe hier gesehen.

Das schwarz-weiße Pony wohnt vielleicht schon fünfzehn Jahre hier und wenn es einmal nicht an der vertrauten Stelle grast, dann ist da die Sorge, ob es noch lebt.

Ferienzeit. Reisezeit. Herr und Frau S. waren an der Ostsee, Rügen und Usedom. „So voll wie früher in Rimini." Die Freunde haben eine Ansichtskarte aus Apulien geschickt: herrliches Wetter, ein tolles Meer!

Familie M. vergnügt sich am Wörthersee. Die Nachbarn von gegenüber bleiben dieses Jahr zu Hause – der neue Heizkessel hat die Urlaubskasse aufgefressen.

Im Supermarkt werden sie verramscht, die Blumen mit den samtigen Blüten. Fünf Stück für 1,60 Euro. Kaum einer wirft einen Blick auf sie. Dabei hat so mancher einst für die stolzen Schönen Kopf und Kragen riskiert, sie waghalsig über tiefem Abgrund aus der Erde gerissen und sie am Abend der Liebsten überreicht: Edelweiß, besungen und bedichtet, zwischen dicke Buchdeckel gepresst und getrocknet, ins Album geklebt und auf Souvenir-Krüge gemalt.

Fels, Stein und hohe Gipfel sind ihre Heimat.

Jetzt stehen sie hier zu Dutzenden aufgereiht in kleinen Plastiktöpfen neben den malträtierten Fleißigen Lieschen in Lila. Längst sind sie welk geworden.

Freunde

Augen, Lippen, Münder, Worte, die sich zögernd formen
Kleine braune Finger in großer weißer Hand
Blicke, Lächeln, Vertrauen und Verstehen
Du kommst aus Polen, und du aus Eritrea
Du aus der Ukraine und ich aus Köln, oder Hamburg,
Aus Frankfurt oder aus der Provinz
Wir kennen uns noch nicht, aber wir sitzen gemeinsam an einem Tisch
Wir reden und wir essen und wir trinken,
Wir schauen uns an und denken die gleichen Gedanken in unseren fremden Köpfen.

Idylle

Die Grünflächen und kleinen Rasenteppiche zwischen den Häuserzeilen bewahren ein winziges Stück Natur in der Großstadt.

Hier erntete kürzlich eine Hausfrau, nur drei Autominuten von der viel befahrenen Kennedy-Allee entfernt, zwei Pfund zarte weiße Wiesen-Champignons, rasch gepflückt zwischen Einkaufen und Wäscheaufhängen. Nachbarn und Freunde waren verblüfft. „Mitten in der Stadt frische Pilze?“, fragten sie ungläubig.

Nachts tummeln sich kleine Hasen auf dem bisschen Grün um die Häuser herum. Zwar sind die Hasen Karnickel und der muntere Nachwuchs kann irgendwann einmal zu einer Plage werden, aber trotzdem erfreuen sich Anwohner, späte Gäste und abendliche Spaziergänger an dem lustigen Treiben.

Verstohlen werfen ihnen Tierfreunde Mohrrüben und Äpfel hin und wenn dann so ein Mümmelmann Männchen macht, ist das Entzücken groß.

Vor einigen Tagen tauchte gar zu später Stunde ein Igel auf und alles lief herbei, um das Stacheltier zu besichtigen.

Für Großstadtmenschen ein unerhörtes Ereignis.

Nun steht jeden Abend ein Schälchen mit Milch zwischen den Mülltonnen und den Jasminsträuchern und am Morgen ist dann die Schüssel leer.

(Anmerkung: Igel dürfen keine Milch bekommen. Katzenfutter und kleine Stückchen hart gekochter Eier ist das richtige Futter für sie!)

Der Ruhestörer

Da ist Asta, ein blonder Schäferhund.

Sein Besitzer hat ihn aus dem Tierheim geholt. Man fand den armen Kerl angekettet an einem Baum im Wald, vielleicht tagelang.

Nun soll er ein Reihenhaus bewachen. Er hat nie gelernt, seine Freudenausbrüche unter Kontrolle zu halten. Wenn seine „Freunde" (andere Vierbeiner oder auch ihm wohl gesonnene Menschen) vor seinen Augen vorbei spazieren, dann fängt er an zu bellen. Es hört sich oft wie Wolfsgeheul an und stört einige Nachbarn ungemein. Auch wenn das freudige Jaulen nur zwei Sekunden dauert.

„Ruhestörung!", rief neulich einer. Und dem Besitzer wird drohend angeraten, seinem Hund das abzugewöhnen, „sonst holen wir die Polizei!"

Alle Geräusche des Alltags werden geduldet und akzeptiert:

die Folter der schrecklichen Laubsauger, das Rasenmähen mit Motor am Sonntagnachmittag, Heimwerkeln mit Stichsäge und Bohrer, Flugzeuge, die über Dächer donnern, eine über Gebühr klappernde Müllabfuhr, die ständigen Presslufthämmer der Straßen-Aufreißer, die kreischenden Bremsen der Autos, der Auspufflärm der Mopeds, alles – nur die Stimme eines Tieres, die ist ein Fall für die Polizei!

Ohne Worte

„Ganz spontan“ hatte eine Frau aus dem Hintertaunus neulich das gehörlose Ehepaar aus Oberrad, das sie bei Freunden kennengelernt hatte, für eine Woche in ihr Haus am Waldrand eingeladen, „damit die beiden mal unverbrauchte Luft atmen können. Und wegen ihrer Behinderung werden wir schon irgendwie klar miteinander kommen.“

Man verstand sich in der Tat auch ohne Worte; es waren schöne Tage. Und doch gab es Schwierigkeiten auf beiden Seiten.

Diskussionen über Kultur und Politik erwiesen sich als zu mühsam. Abstrakte Dinge wie Gefühle, Träume, Ängste oder Traurigkeit konnten nicht begreiflich gemacht werden.

Und auch ihre Musik vermochte die begabte Pianistin ihren Gästen nicht nahe zu bringen.

Um künftig mehr in diese Welt des Schweigens und der Stille eindringen zu können und gehörlosen Mitmenschen aus ihrer Isolation zu helfen, will die Pianistin jetzt die Gebärdensprache erlernen. Sie wird in zehn Wochenkursen an der Volkshochschule angeboten. Zweimal in der Woche.

Die Frau aus dem Taunus hat sich mit ihrer neuen Aufgabe viel vorgenommen.

Nicht nur die längere Anfahrt mit dem Auto jedes Mal, sondern auch das ungewohnte und schwierige Erlernen einer Sprache, die durch ihre Gesten und Gebärden exotischer sein mag als Chinesisch oder Finnisch.

Man kann sie nur bewundern.

Mundschutz

In der Innenstadt hat man sich an vieles gewöhnt: An honorige Herren beispielsweise, die im Café ungeniert ihr Strickzeug auspacken.

An glatzköpfige Teenager mit Tiger-Tattoo und an feine Damen im Lumpenlook. An junge Männer mit grünen Haaren und an Jünglinge mit lila Locken.

An Rollschuhläufer in Kaufhäusern und an Punks und Popper in der S-Bahn, aus deren Ohrenschützern fetzige Rhythmen dröhnen.

Sie alle, bunte Paradiesvögel und Nonkonformisten, gehören längst zum vertrauten Bild in unseren Straßen.

Und doch gibt es Zeitgenossen, denen es gelingt, selbst in Frankfurt noch aufzufallen.

Da spazierte dieser Tage eine Familie über die Zeil – und allesamt, Vater, Mutter, Sohn (an der Hand) und Baby (im Kinderwagen) trugen einen weißen Mundschutz nach Art der Chinesen und Japaner.

Hunderte von Augenpaaren folgten ihnen.

Waren das nun besonders hygienebewusste Leute, die sich vor Bazillen schützen? Die Angst vor einer

Ansteckung der Schweinegrippe haben? Die niemanden ihren Schnupfen aufhängen wollen?

Oder war es eine vorfastnachtliche Verkleidung? Eine Wette? Ein Gag?

Wetten, dass so etwas schnell zu einer neuen Mode werden kann?

Kindheits-Albtraum

Die Kundin in der Apotheke verlangt eine Flasche Lebertran.

„Aber den reinen, medizinischen zu 4,25 Euro."

Als sie die erschreckten Blicke der jungen Frau neben sich gewahr wird, sagt sie lachend: „Nein, ich will keine Kinder damit quälen. Der wurde mir empfohlen, weil er gegen Rheuma helfen soll."

Lebertran. Da waren sie plötzlich wieder da, die fast entschwundenen Erinnerungen. Der unerbittliche, täglich wiederkehrende, löffelweise Schrecken der Kindheit.

Das gelbe Zeugs, das so grauslich schmeckte und doch sooo gesund sein sollte. So gesund wie der giftgrüne Spinat allwöchentlich und die kratzigen Leib- und Seel-Hosen nach dem Bad am Samstagabend.

Und dennoch: Wollene Wäsche und der bittere Geschmack von Lebertran und Spinat waren schnell vergessen, wenn es ans Spielen ging: im Hof, wo noch keine Garagen den Weg versperrten. Auf Straßen und Plätzen, die den Kindern vorbehalten waren und nicht den Autos.

An den Ufern von Main und Nidda, die in jener Zeit noch saubere Gewässer waren – mit Fischen, Fröschen und sonstigem Wassergetier.

Und die waren damals für die Kinder der Beweis, dass ein Lebewesen ohne Lebertran ganz gut auskommen kann.

Schachmatt

Was man in der S-Bahn so alles machen kann!

Tagträumen zwischen Griesheim und der Konstabler. Die Gedanken auf die Reise schicken, die Fantasie Purzelbäume schlagen lassen.

Aus dem Fenster schauen und sich ärgern. Aus dem Fenster schauen und sich freuen.

Kreuzworträtsel lösen (ein asiatischer Strom mit drei Buchstaben). Tief schlafen und dann die Haltestelle verpassen.

Heiteres Berufe-Raten bei den Fahrgästen veranstalten. Frühstück auspacken und essen und trinken (die leere Limodose heimlich unter den Sitz stellen). Hausaufgaben machen. Lateinische Vokabeln lernen. Der Woll-Lust frönen und kniffelige Pullover stricken. Sich in ein Buch vertiefen. Sich hinter der Zeitung verschanzen, Skat dreschen, ausgiebig seine Brille putzen und die Anzeigentafeln studieren („Mit uns landen Sie immer in der Stadtmitte!").

Oder, als letzte Variante, mit sich selber Schach spielen – wie jener junge Mann kürzlich, dessen Züge im Zug von einem Sitznachbarn misstrauisch verfolgt wurden. Bis er sich schließlich einmischte: „Hätten Sie vorhin den linken Springer genommen – dann wären Sie schon längst schachmatt!"

Nebel

Novembernebel schwimmt auf dem Fluss
Rück' näher zu mir und steck deinen Kopf
In den Schatten meiner Seele
Sprich' nicht, ruh' deine Gedanken aus
In Erwartung darauf, dass sich der Nebel
verzieht

Wer jetzt allein ist …

Das sind die grauen Tage, die nicht enden wollen, ein trübes Einerlei aus tief hängenden Wolken, schwarzer, schmutziger Nässe, manchmal peitscht ein Wind aus dem Nichts Graupelkörner in die Gesichter.

Wo ist sie nur, die Kinogemütlichkeit in Höchst? Warme, behagliche Stunden nachmittags im Cordsessel, Knisterpapier, Lachen, Fröhlichkeit, ein paar zerdrückte Tränen, schnell weg gewischt.

Wo sind sie, die Erinnerungen an Stars und Sternchen? „Vom Winde verweht", aber auch die Melancholie von Werner Herzog oder Wim Wenders?

Abgerissene Plakate, leere Fensterhöhlen, Parolen und Rambo-Atmosphäre, mehr ist nicht geblieben. Dafür Spielsalons und für einige Euro Flipperträume, ein schaler Geschmack bleibt auf der Zunge zurück und ein flüchtiger „Augen"-Blick von jenen, die da rumhängen.

Bleierner Himmel über der Farbenstadt. Wie Schiefer. Oder wie grauer Stein an Meeresbuchten.

Hunde haben gestrickte Mäntelchen an, alte Frauen frieren, Spaziergängerinnen tragen heute gottlob nicht mehr die Felle von Nerzen, Füchsen und Kaninchen spazieren, eine einsame Wanderin mit einem Bernhardiner, groß wie ein Pony, unter der Brücke zur Nidda.

Jetzt ist sie die Hochsaison für die Schönheitssalons und Kosmetikstudios, für Sonnenduschen und Bräunungsbänke. „Bei uns für wenig Geld Hawaii-Look" steht auf einem Schild geschrieben und mit der Zehnerkarte wird's noch billiger.

Das Mädchen im Bus liest Rilke-Gedichte. Halblaut liest sie die Verse ihrer Freundin vor und die Worte bleiben in der Luft hängen:"... wer jetzt kein Haus hat, baut sich keines mehr, wer jetzt allein ist, wird es lange bleiben, wird wachen, lesen, lange Briefe schreiben und wird in den Alleen hin und her unruhig wandern, wenn die Blätter treiben."

Die Alleen sind nicht mehr. Früher wölbten sie sich grün über der Mainzer Landstraße. Doch jetzt tost dort die Autobahn, nackt und kahl blutet sie aus vielen Wunden. Aufgerissen, noch nicht vernäht und vernarbt, liegen die Verletzungen bloß.

Man nennt das „Baustellen".

Auch eine „Parkstadt" wurde den Bürgern in Nied versprochen. Doch wer vermag diese Tristesse aus Stein, diese Betongeschwüre und Bettenburgen mit einer grünen Parklandschaft in Verbindung zu bringen!

Gedanken, Gefühle, subjektive Empfindungen an einem trüben Tag.

Die Menschen winters – so scheint es – haben ihr Lächeln weggesteckt, zugeknöpft unter dem Mantelkragen.

Nur die Kinder lärmen vergnügt wie immer, freuen sich am schäbigen Sand auf dem Spielplatz in der Siedlungsanlage.

Am Kiosk weiter vorn reden die Männer über Gott und die Welt, traurige Gestalten, die nach abgestandenem Bier riechen und nach kalten Zigaretten.

„Bernd, ich liebe dich, trotz deiner eisigen Augen" ist irgendwo an eine Wand gekritzelt.

Vielleicht bricht ja ein warmer Frühling bald das Eis, lässt Blumen blühen und macht, dass auch Bernds „eisige" Augen ganz rasch schmelzen.

Körnerpicker

Ein bisschen Markusplatz rund um die Hauptwache.

Am Anfang nur ein paar Abgeordnete, die den Leuten zwischen den Beinen rumspazieren. Später am Morgen dann die erste große Fraktionssitzung der Partei der Graugefiederten, zu der alle pünktlich erscheinen.

Verfemte, verjagte, bekämpfte, besungene, vergiftete, heimlich gefütterte Großstadttauben.

Fußzahme Wilde, die sich durchs Leben picken. Schrecken aller Denkmalschützer und doch Symbol des Friedens! Lautlos schwirren sie hoch, wenn Kinder sie mit dem Fuß verscheuchen.

Die verfressenen Vögel sind Stammgäste überall dort, wo es was zu schlucken gibt.

Am Pommesbüdchen auf der Zeil, am Stehimbiss im Hauptbahnhof, bei den Taxikutschern vom Roßmarkt und bei den alten Leuten auf den Bänken hinter der Katharinenkirche.

Eine Abordnung der mutigsten Kumpels marschiert ohne Scheu selbst in Metzger- und Bäckerläden. Die schwarzen Plastikraben vor der Tür, die zu ihrer Abschreckung dienen, haben sie längst als harmlose „Freunde“ erkannt und akzeptiert.

Die krisensicherste Quelle für eine Gratis-Mahlzeit freilich haben sie auf dem Römerberg entdeckt.

Wenn es für die Brautpaare dort Reis vom Himmel regnet, dann fällt eine weiß-grau-gestreifte Wolke ein, und kein noch so winziges Korn bleibt übrig.

Die Tauben vom Frankfurter Römerberg sind inzwischen schon so berühmt wie der Äppelwein-Express und das Goethe-Haus und beim Anblick der vielen japanischen Kameras sieht es manchmal fast aus, als seien sie vom Verkehrsamt der Stadt eigens als Attraktion für Touristen engagiert worden.

Kleinkariert

Wie grünt's so grün, wie blüht's so bunt in diesem Mode-Sommer!

Da schwelgen auch reifere Damen in wahren Blumenorgien. Ob Mini- oder Maxi-Rock, Schlabberlook und Ausgehkleid, überall wachsen Rosen, Tulpen, Nelken in Pfefferminzgrün, Lavendelblau und Bonbonrosa.

Manche der weiblichen Zeitgenossinnen sind auf dem Südsee-Trip, andere tragen die gesamte Bundesgartenschau spazieren.

Blütenträume auf Jeans und Shorts, Palmenwedel auf Blusen und Bikinis!

Und wie steht der Mann in bestem Alter da?

Kleinkariert! Karo, Karo über alles. „Klassisch" und „dezent" zumeist und von gähnender Langeweile. Mustermix aus kleinen grauen, grünen und beigen Quadraten.

Karo für die Karriere. Karo für die Freizeit. Sportiv gestylt für den Herrn von Welt!

Zwingt Brust raus und Bauch rein.

Wer modisch besonders „in" sein will, trägt dazu die einst verpönten weißen Socken und einen Hauch von Stress im Gesicht.

Und der Avantgardist bevorzugt Hosen und die sind, na wie denn? Kleinkariert!

Tausendmal berührt …

Sie stand jahrelang mitten im „Bauch" der Stadt und arbeitete wie ein Roboter.

Immer die gleichen Handgriffe, stundenlang, achthundert- bis tausendmal an einem Arbeitstag.

Die Leute schauten ihr auf die Finger, doch kaum einer blickte ihr ins Gesicht, wo Augen ausdruckslos ins Leere starrten.

Sie war die Crêpes-Bäckerin unter der Hauptwache.

Ein Klacks Teig auf die runde Scheibe, mit der Spachtel glatt streichen, mit dem Messer abheben, vorsichtig auf die andere Seite gleiten lassen, mit Süßem oder Salzigem füllen, zusammenfalten wie einen Briefumschlag, fertig!

Der Frau im Trenchcoat reichen oder dem Mann im Streifenanzug oder dem Kind, dem Punker, der alten Dame, dem Teenager.

Achthundertmal am Tag; im Winter wenn's kalt war, mehr als tausendmal.

Geld kassieren, Wünsche hören, mit Nougatcreme bitte, mit Mandeläpfeln oder mit Käse oder einem Spritzer Cointreau.

Nachher leckten sich die Kunden den letzten Zuckerkrümel von den Lippen und verdrückten sich.

Andere kamen, die Schlange wollte niemals enden.

Sie stand da und machte Pfannkuchen.

Nachts, sagte sie, träumt sie davon.

Alltagsartisten

Im Zirkus werden sie bestaunt, die mutigen Trapezkünstler und furchtlosen Kuppelkletterer, die Seiltänzer ohne Netz und doppelten Boden, die Akrobaten und Athleten und die fliegenden Menschen.

Bewunderung verdienen aber auch die Alltagsartisten mitten unter uns. Die waghalsigen Männer, die an den Strommasten hoch oben im Himmel neue Drähte einziehen, die Fensterputzer von Hochhausfassaden mit fünfundzwanzig Stockwerken und mehr.

Die Schornsteinfeger, die auf Turm und Dach herumturnen oder in hohe Kamine einsteigen. Die Kranführer in schwindelnder Höhe, die von den Kabinen aus ihre stählernen Kolosse dirigieren.

Oder auch die Maurer, die auf schwankenden Bohlen zwischen Himmel und Erde balancieren, wenn sie gigantische Wohnburgen bauen.

Und die Müllmänner schließlich, die auf Trittbrettern außen am Fahrzeug stehend durch die Gegend brausen.

Nur die tollkühnen Hausfrauen, die für frühlingsfrische Fensterscheiben Kopf und Kragen riskieren, die kann man beim besten Willen nicht bewundern.

Bohrende Fragen

Es gibt Fragen, auf die möchte man gerne eine Antwort haben, kriegt aber keine.

Alltagsdinge, die einfach neugierig machen.

Wem, beispielsweise, gehörten die beiden sturmerprobten, solide genähten Schuhe, die tagelang mitten auf der Zeil standen und zu tiefsinnigen, ja philosophischen Betrachtungen wissbegieriger Passanten Anlass gaben? Welcher Mensch ist wohl damit durchs Leben marschiert und warum hat er sich jetzt von ihnen getrennt? Sie waren ja noch fest im Leder und gut in Schuss.

Vielleicht hat irgendwem irgendwo dieser Schuh gedrückt und er kann nun befreit, auf leichteren Sohlen durchs Erdendasein wandern.

Eine andere Frage: Was mag das für ein Buch neulich in der U-Bahn gewesen sein, das seine Leserin zuerst zu einem ständigen Kichern animierte, welches dann in ein lautes, prustendes Gelächter einmündete? Zu gern hätte man den Titel erfahren. Doch die junge Dame hielt den dicken Wälzer geschickt versteckt in ihrem Schoß und dann war auch schon die Haltestelle da.

Man hätte auch kaum den Mut aufgebracht, sie anzusprechen.

Noch eine letzte Frage, die manchen schon längere Zeit beschäftigt. Was schleppen die vielen männlichen Zeitgenossen – vornehmlich im Westend – täglich in ihren gewichtigen schwarzen Aktenköfferchen mit sich herum?

Geheimpapiere? Dokumente? Bündel von Geldscheinen? Oder vielleicht nur die Zeitung und das Frühstücksbrot, fein säuberlich in einer grünen Frischhaltebox verpackt?

Begegnungen

In einer Stadt wie Frankfurt gibt es mitunter merkwürdige Begegnungen mit Einzelgängern, Aussteigern und Absteigern.

Da zog eine junge Frau schon seit Monaten mit ihrer gesamten Habe – säuberlich und akkurat in Koffern und Kartons verpackt und in einem Einkaufswägelchen aufgeschichtet – durch die Straßen Frankfurts und erzählte wirre Geschichten.

Wo sie ging und stand, ließ sie Gefühle zurück: Aggressive, positive, mitleidige, zornige.

Die Passanten diskutierten, ereiferten sich und die Frau zog weiter.

Da fütterte ein anderer vor der Kleinmarkthalle die Tauben. Einer mit grauem Gesicht und rotweinfleckigem Mantel. Wenn man mit ihm ins Gespräch kam, erfuhr man, dass er studierter Biologe war, einst ehrgeiziger Forscher und Weltverbesserer, der wohl an seinem eigenen Ideenüberschuss zugrunde gehen drohte. Denn seine Hände zitterten und seine Augen flackerten.

Schließlich stand man irgendwann mal am Eingang zum Sachsenhäuser Schifferbunker vor einem edlen Pferd, das einst den Treck von Ostpreußen mitgemacht hat. Sein Besitzer wollte sich nie wieder von ihm trennen und ließ den treuen Vierbeiner präparieren.

Als der gute Mann starb, wussten die Angehörigen mit dem Ross im Wohnzimmer wenig anzufangen.

So landete es im Flohmarkt und schaute dort melancholisch in weite Fernen ...

Nied

In der Luthmerstraße spielen kleine Türkenmädchen irgendwelche Spiele, die man nicht kennt. Sie gehen langsam und mit ernstem Gesicht aufeinander zu, reichen sich die Hände und drehen sich blitzschnell im Kreis. Dann schütteln sie sich vor Lachen und beginnen von vorne.

Sie haben rosafarbene und gelbe Blusen an und lange Röcke und sie tragen Papierblumen im Haar.

In der Spielmannstraße wohnt Freundin Helga. Zahlreiche wunderschöne Kinderbücher hat sie illustriert mit feinem Stift, hat Buben und Bären, Katzen und Krähen gezeichnet und hat sich Rückenschmerzen geholt vom langen Sitzen am Arbeitsplatz.

Nied an einem Montag. Alltag in einem alten Frankfurter Stadtteil, der erst vor einigen Jahren zum Leben erweckt worden ist: mit ausländischen und deutschen „Tante Emma"-Läden, die Farbe in das Grau der Häuserreihen bringen.

Mit Straßenfesten und Kneipen, mit Kunstausstellungen und mit Aktionen und Aktivitäten der beiden Kirchengemeinden.

Im Niedwald sind die Buschwindröschen schon verblüht, im kleinen Tümpel schreien sich die Frösche heiser und am Anglerteich hocken Männer auf kleinen Schemeln und starren ins Wasser.

In den Gärten wuchert es weiß und gelb und violett. Nahe den Niedwiesen weiden kleine Pferde und verrotten bunt lackierte Autowracks.

In der Wartehalle der S-Bahn sind schwarze Nazi-Parolen an die Wände gekritzelt. Ein paar Schritte entfernt steht die alte „Villa", von Efeuranken umhüllt. Schon immer hat sie die Fantasie der Kinder in Nied beschäftigt.

Schräg fallen die Sonnenstrahlen auf dem Friedhof über Stein und Moos. Die Frau, die ihre Gießkanne füllt, scheucht die Amseln auf.

Der große Kerbeplatz unter der Niddabrücke ist jetzt verlassen und leer. Wenn die Buden und Karussells hier stehen, dann spielt, dröhnt und dudelt es an allen vier Ecken und die Nidda-Enten nehmen schleunigst Reißaus.

Alt-Nied. Die verslumten Hinterhöfe wurden saniert – ein Versuch, aus dem Gesicht dieser Straße den verhärmten Ausdruck heraus zu wischen.

Gibt es die „kleine Freiheit" noch? Die beiden Motorradgeschäfte, wo sich die Ledermänner in ihren schweren Maschinen, die Easy-Rider aus Zeilsheim und Sossenheim, trafen?

Die Mainzer Landstraße. Tristesse in Beton, wo einst Bürgerhäuser standen, wo es einen nussbaumschattigen Wirtshausgarten gab, mit Rippchen und Kraut und Feuerschluckern als Attraktion an warmen Sommerabenden.

Auf der Wörthspitze wachsen die Pappeln in den Himmel. Vor fünfzig Jahren sind dort einmal zwei Nieder Mädchen vom Blitz erschlagen worden, als sie unter den Bäumen Schutz suchten.

Jetzt gehen Mütter mit ihren Kindern hier spazieren, ein Mann mit einem Hund sitzt auf der Bank und liest in der Zeitung.

Auf dem Spielplatz weint ein kleines Mädchen. Es hat Rollschuhe an und eine blutige Schramme am Bein.

Ein paar Buben klettern auf Sandsteinblöcken herum. Es sind die Überreste des monströsen Kriegerdenkmals, das hier einst stand. Das ehemalige „Ehrenmal" von 1936 zeigte die heroische Heldenfigur eines knienden nackten Soldaten mit Helm und mit Schwert in Bronze, angefertigt von einem Professor, der Richard Scheibe hieß und der auch in der Nachkriegszeit noch an vielen öffentlichen Bauten tätig war und mehrere Auszeichnungen erhielt.

Als man den Krieg nicht mehr verherrlicht hat und keine Helden mehr wollte, wurde der nackte Mann in Bronze abgebaut. Die Tafel mit den Namen von 600 Toten kam auf den Höchster Friedhof.

Früher gab es auf der Nieder Seite Schrebergärten direkt am Fluss. Bei Hochwasser waren sie oft überflutet und die braune Brühe stand den Obstbäumen bis an den Hals.

Heute sind aus den Gärten Spazierwege geworden mit dem Blick nach drüben ans Schwanheimer Ufer, wo weiße Motorboote auf einem trüb schillernden Main in der Sonne glänzen.

Eine Vision?

Ein Wochenmarkt mit südlichem Flair mitten in der Stadt, um den Dom gruppiert.

Blumen in Kübeln und Eimern, Gemüse zum Anfassen, Obst zum Probieren. Kinderlachen, Hundegebell, Glockengeläut zur Mittagsstunde, Pflastermaler, Gaukler, Straßenmusikanten und junge Väter, die ihren Sprösslingen die Flasche geben, während die Mütter vor hausgemachtem Sauerkraut und Eiern von „glücklichen Hühnern" Schlange stehen.

Alle kommen sie auf ihre Kosten: Bio-Fans und Öko-Freaks, Blumenfreunde und Balkongärtner, Köche und Kräutertanten, Pensionäre und rundliche italienische Mamas, die unter Bergen von Zucchini untertauchen.

Hausfrauen reden miteinander, tauschen Erfahrungen aus und Rezepte und schwätzen sich auch schon mal fest vor dem Stand der rotbäckigen Bäuerin mit den Radieschen aus dem eigenen Garten.

Für die älteren Mitbürger, für die Fußmüden, die Zaungäste und stillen Beobachter stehen überall Stühle zum Ausruhen bereit, sind Tische da, wo Taschen und Tüten eine Weile abgestellt werden können.

Ist dieser Markt eine Vision? Aus der Fantasie eines realitätsfremden Träumers entsprungen? Mitnichten.

Es gibt sie wirklich, die Stätte voller Leben und Urbanität: In Mainz, eine halbe S-Bahn-Stunde nur entfernt, aber dennoch meilenweit weg von Frankfurts traurigen Mini-Plätzen, fernab von jener neuen Zeil mit ihrer genormten Langeweile und den preußisch ausgerichteten Bäumchen.

Käfige

In Käfigen sitzen, gefangen wie Raubtiere
Käfige aus Luxus, Lack und Chrom
Blank polierte, seelenlose Roboter des Fortschritts
Viele Tausende von Käfigen auf den Straßen
Und drinnen die gefangenen Raubtiere,
Die zum Sprung ansetzen und
Bereit sind zum Töten, Verletzen und Zerstören,
Glauben an die große Freiheit.

Fahren ohne anzuhalten
Die Seele verkleiden
Und das Gesicht unkenntlich machen

Fahren ohne anzukommen
Im luftleeren Raum gegen den Wind ankämpfen
Das Ende zum Anfang werden lassen.

Hast du die Bäume gezählt, früher, als sie lebten?
Sie schrien, als man ihnen den Wald wegnahm
Als sie zerstückelt wurden,
Sich knirschend Zähne in den Körper fraßen
Hast du ihr Schreien gehört, als du später
Auf steinernen Trassen vorüber fuhrst
In Käfigen sitzend, gefangen wie Raubtiere,
Käfige aus Luxus, Lack und aus Chrom,
Blank polierte, seelenlose Roboter des Fortschritts

Es werden immer mehr
Heißa, der Tod fährt mit im Cabrio
Und keiner vermag ihn aufzuhalten!

Otto ohne

Er steht da noch immer – der Kanzler – eisern, unbeweglich und ein bisschen ratlos.

Musste er sich doch gefallen lassen, dass ihm böse Buben schon vor langer Zeit den gewaltigen Säbel aus der Hand nahmen und am verbliebenen Griff – Gipfel der Respektlosigkeit – einen alten Regenschirm befestigten.

Der wiederum wurde amtlicher Weise ganz schnell entfernt. Doch das Schwert, Symbol der Macht und Sinnbild der strafenden Gerechtigkeit, blieb bis heute verschwunden.

Ein Kind aus der Nachbarschaft hatte damals den Diebstahl zuerst wahrgenommen. „Dem Bismarck in der Bolongarostraße haben sie das Schwert geklaut“, berichtete es munter.

Dann bemerkten immer mehr Bürger die Entwaffnung des großen Preußen, der, in markiger Pose in Eisen gegossen, seit 1899 als einziges Standbild weit und breit an der Brüning-Anlage in Frankfurt-Höchst zu besichtigen ist.

In der Nachkriegszeit war der ehemalige Reichskanzler übrigens schon einmal seines Säbels beraubt worden. Nicht etwa ein Rüstungsgegner, sondern ein Souvenir-Sammler aus den USA hatte Gefallen dran gefunden.

Eigentlich, wenn man's so richtig bedenkt, sieht der Otto „ohne" und abgerüstet sogar viel friedlicher aus. Ein wohlbeleibter älterer Herr, mit mächtigem Schnauzbart und wachem Blick.

Eisblumen am Fenster und watteweiche Herrlichkeit

Der Schnee, der Frost und das Hochwasser haben Höchst verändert, haben neue Eindrücke, neue Blickpunkte, neue Bilder hervorgebracht.

Frühmorgens, eine fahle Sonne hinter Schneewolken. Um 9 Uhr zeigt das Thermometer an der Apotheke minus 8 Grad. „Zieh die Mütze tiefer ins Gesicht, Lisa, und mach dir ein paar warme Gedanken!"

In der Altstadt knirscht dünner Schnee unter den Füßen, am Ende der Kronengasse hat der Winter Eisblumen an die Scheiben gemalt.

Um 11 Uhr ist kein Taxi mehr zu kriegen. Die Fahrgäste an der Bushaltestelle bibbern, der Herr mit der Aktentasche zittert, die alte Frau fröstelt verstohlen und der Wachsoldat an der Kaserne friert und marschiert!

In der City verwandelt sich der Schnee unter den Autorädern und Stiefeln in grauen Matsch, die Parks und Anlagen verzaubert er in ein Wintermärchen.

Um die Mittagszeit herum scheint die Sonne, Wind kommt auf, fetzt die Wolken auseinander, holt ein bisschen Himmelsblau hervor.

Am Dalbergplatz bewerfen sich die Schulbuben mit Schneebällen. Einer der Buben fliegt in hohem Bogen in die watteweiche Herrlichkeit.

Die beiden Möpse vom Blumenkiosk am Bahnhof tapsen durch das ungewohnte Nass und ziehen die Nase kraus und die Tauben nebenan picken ein paar Schneeflocken auf und denken, es seien Brotkrumen.

Ein junges Mädchen bleibt lachend vor der Litfaßsäule stehen. Dort haben sie einem bekannten Politiker auf dem Wahlplakat eine Zipfelmütze übers Ohr gezogen und dem anderen einen Schnurrbart verpasst.

Der Schlossgarten liegt am frühen Morgen wie erstarrt. Wege und Bänke sind dicht verschneit, Sträucher und Bäume tragen eine pelzig weiße Krawatte.

Das Schloss als Kulisse und die bunten Fachwerkhäuser davor – wie auf einem alten Gemälde.

Am Eingang zum Stadtpark steht ein Schneemann auf wackeligen Beinen. Irgendjemand hat ihm einen roten Schal umgehängt. Mädchen und Buben tollen um ihn herum, einer schlägt sogar einen Purzelbaum.

Durch den Park führt eine Skispur, aber der Skiläufer ist nicht zu entdecken.

Enten und Gänse bekommen kalte Füße, stehen unschlüssig in der frostig weißen Pracht. Rund um ihre Futterstelle sind die krakeligen Fußspuren von zahlreichen Vögeln zu sehen, die Konkurrenz hält bei der Mahlzeit kräftig mit.

Im Bolongarogarten huschen aufgeplusterte Amseln unter Büsche, haben die Türkenmusikanten weiße Mützen aufgesetzt, und der Wassermann trägt ein Kleid aus Schnee.

Auf der Wörthspitze joggen zwei Leute und blasen Atemschwaden in die Luft. „Tierisch kalt heute“, rufen sie einander zu, als sie sich begegnen. Langsam prickeln Hände und Füße stärker, die Kälte beißt zu, tut weh.

Unten schießt der Main mit lehmigbraunen Fluten vorbei.

Hochwasser! Für Käpt'n Albrecht und sein Hausboot heißt es: „Land unter!“

Bei der Autofirma zwischen Nidda und Main sind Polizei und Feuerwehr im Einsatz. Lehrlinge schleppen Sandsäcke, errichten Barrikaden gegen die Flut.

Vor dem Hotelschiff liegen die Laternen im Wasser. Ein Mann nagelt einen Zettel an einen Baum: „Die Veranstaltung ‚Sonnenschein im Alter‘ findet heute im Höchster Hof statt!“

Für die vielen Spaziergänger mit den Fotoapparaten ist es ein ganz neues Gefühl, Enten auf den Promenadenwegen schwimmen zu sehen. Familienväter, junge Mütter mit Kinderwagen, Rentner, alle strömen sie herbei, um den übergelaufenen Fluss zu bestaunen.

Um die Mittagszeit blitzt noch einmal die Sonne auf, zeichnet Schatten auf das Gesicht des kleinen namenlosen Heiligen in der Mauernische.

Hinter der Alten Zollwache ist dann der Weg plötzlich zu Ende. Main, wohin man auch schaut. Beängstigend nah gurgeln, gluckern, schäumen und rauschen die Hochwasserfluten. Zeit zur Umkehr.

Lieber noch einen Gang über den verschneiten Höchster Markt, wo die einkaufenden Hausfrauen heute ein Lächeln tragen, die Marktfrauen öfters als sonst einen heißen Schluck aus der Thermoskanne nehmen und eine geballte Ladung an Vitaminen anbieten: Ungespritzte Äpfel aus dem eigenen Anbau in Kriftel, gesprenkelte Kohlköpfe, goldene und blaue Trauben, Nüsse, Kastanien und selbst gezogene Kräuter aus Blecheimern.

In der Markthalle eine Portion Orient und eine Prise Provence. „Madame, nehmen Sie Knoblauch mit nach Hause! Der französische, rosafarbene ist der beste und soo mild. Und gut für die Gesundheit!" Und nebenan die Eier, sie stammen nicht aus Legebatterien, sondern von glücklichem Federvieh – aus dem Hühnerkollektiv in Sossenheim.

Auch der Krankenhausgarten an der Gotenstraße ist festlich weiß herausgeputzt. Funkelnder Schnee und glitzernder Raureif hängen in kahlen Kastanienbäumen. Hinten in der Kinderstation beobachten die kleinen Patienten die Amseln und Spatzen an der Futterstelle vor ihrem Fenster.

Vom oberen Stockwerk geht der Blick auf ein geschlossenes Gitterwerk in Weiß und Schwarz aus Dächern, Plätzen, Grünflächen.

Die Quadrate der Kleingärten und Rasenflecken sehen aus, als hätte die Grandma Moses sie persönlich auf eine Leinwand gepinselt.

Die Fahne

Fahnen sind zumeist Symbole. Fragwürdige oft, wenn sie von falschen Patrioten voran getragen werden.

Bedeutend harmlosere, wenn es sich um Vereinsfahnen handelt. Oder um Papierfähnchen, die Schulkinder schwenken.

Oder um Alkoholfahnen, über die man aber besser schweigen sollte.

Eine Fahne ist plötzlich verschwunden und die hatte starken Symbolcharakter.

Über Jahrzehnte hinweg stand sie hoch in den Lüften, ob's stürmte oder schneite.

Es war die gelbe Fahne der Farbwerke Hoechst. Je nach Blickpunkt und politischem Standpunkt war sie sozusagen Aushängeschild eines Konzerns, dem auch Umweltschädigung und Flussverschmutzung vorgeworfen wurde.

Für die aber, die dort ihre Brötchen verdienten, war sie eher gern gesehen – getreu dem Spruch: „Solange noch der Schornstein raucht …"

Peter von Zahn hatte einst unter diesem Motto einen viel beachteten Fernsehfilm gedreht und Umweltgruppen und Bürgerinitiativen hatten sich jahrelang wegen ihm die Köpfe heiß geredet.

Nun ist sie weg. Von einem Tag auf den anderen.

Die ockerbraunen Schwaden sind spurlos von der Skyline verschwunden. Die Salpeterfabrik, aus der sie hochstieg, ist als Teil des Stickstoffbetriebs und der Düngemittelproduktion stillgelegt worden.

Die Umweltschützer freuen sich, doch so mancher alte „Rotfabriker" blickt in diesen Tagen eher skeptisch dorthin, wo sich keine gelbe Fahne mehr im Wind kräuselt …

Open Air

Es sind die Tage, die voll von sommerlichen Musikgenüssen sind: „Summertime" überall!

Klänge zum Frühschoppen, Rock auf dem Rasen, Lieder im Park, Jazz in der Altstadt und Blasmusik bei den Volksfesten.

Kostenlose Konzertfreuden aber bieten in diesen Wochen auch unsere gefiederten Freunde in Gärten und städtischen Anlagen, auf Feldern, in Wäldern oder auch mitten im Verkehrsgewühl der City.

Da trillert die Singdrossel ein melodisches Lied mit fünf Strophen, da jubiliert die Amsel auf der höchsten Spitze der Fernsehantenne, da schlägt der Fink frühmorgens und da flötet – wenn auch nicht gerade an der Hauptwache – die Nachtigall spätabends.

Wir sollten uns ruhig öfters mal Zeit nehmen und den kleinen Sängern lauschen – solange es sie noch gibt.

Zu einem Erlebnis der besonderen Art aber werden für Frühaufsteher Vogelstimmenwanderungen, zu denen der Bund für Umwelt und Naturschutz in vielen Gemeinden einlädt.

Hänflinge und Stieglitze, Heckenbraunellen und Rotkehlchen, Goldhähnchen, Zaunkönige und Lerchen um sechs Uhr in der Früh im großen, gemeinsamen Freiluftorchester musizieren zu hören – und später mit Gleichgesinnten durch taufrische Wiesen zu laufen, zählt unbedingt zu den Glücksmomenten eines Sommers.

Die Rentner-Bank

Morgens, mittags, abends, der Regen.

Der Main ein Meer aus Schiefer.

Mitten im Sommer ist der Herbst ausgebrochen.

Poseidon im Brunnen sprüht Nebelschleier und spuckt seine Fontänen in düstere Regenwolken hinein.

Unter dem Blätterdach des Lindenbaums hockt trübsinnig eine regenasse Amsel. Ihr Gefieder ist schwarz lackiert. Auf dem Kopf des kleinen Amors lässt sich eine Wildtaube nass regnen und der Sphinx hängt schon eine Spinnwebe vom Altweibersommer quer über der lädierten Nase.

Die beiden Löwenhunde vor dem schmiedeeisernen Portal gucken hochmütig wie eh und je – auch als die Braut im rosa Kleid und mit gelbem Blumenstrauß die Treppen runtergeht und ein feierliches Gesicht macht.

Mittwochs und freitags wird hier geheiratet, in einem Standesamt, das zu den schönsten in Deutschland zählt, versteckt in einem romantischen Park liegt, um den sich eine efeuumwucherte Sandsteinbalustrade zieht.

In der anderen Ecke des Gartens die „Rentner-Bank". Selbst beim Regen kommen sie hier zusammen, die Höchster Pensionäre: der Kessler Hans und der Dörrhöfer Gerd. Der Paul Burkhardt und der „Eintracht"-Willi. Um die siebzig sind sie alle, die sich hier tagtäglich an der Freiluft-Schachanlage vergnügen und ihren Geist trainieren.

Einer kam bis vor Kurzem aus Griesheim, der war sogar 94. Früher war auch der Schneidermeister Schramm dabei, der in der ganzen Welt herumgekommen war und die anderen mit seinen erlebten Geschichten unterhielt: Zum Beispiel vom großen Tempelfest in Bali berichtete, wo sich der schmale Mann zwischen den hageren buddhistischen Mönchen einschmuggelte und keiner etwas merkte, weil er den Lotussitz so vollendet beherrschte (Kunststück, wo er doch Schneider war!).

Oder als er in Sumatra tief im Urwald die Bataks besuchte, einen wilden, zurückgezogen lebenden Eingeborenenstamm, von dem er so nebenbei erfuhr, dass sie vor Jahren noch Kannibalen waren.

Ja, der Heinrich Schramm aus der Hilligengasse konnte erzählen!

Dann ist er plötzlich auf einer großen Asienreise gestorben. Morgens fand man ihn in seinem Hotelbett und seine Freunde von der Rentner-Bank erinnerten sich gern an den liebenswerten, stets freundlich lächelnden Globetrotter.

Heute ist der „Paul" der Oberschachmeister im Bolongarogarten. Er führt gerade ein „Seekadetten"-Matt – was immer das auch bedeuten mag – einem beeindruckten Publikum vor und die anderen auf der Zuschauertribüne, die geben Kommentare dazu und gute Ratschläge, lachen und lästern und schwätzen ebenso gern miteinander wie ihre Frauen, die sich an schönen Tagen weiter vorne auf der Mauer, wo Weinlaub in Feuerfarben glüht, lange Geschichten erzählen, die Sonne warm im Gesicht, und den Schiffen auf dem Main zuschauen.

Später geht man auch schon mal zum Dämmerschoppen in die „Vier Jahreszeiten" und dann schwingt sich der Wilhelm Ossa auf sein Fahrrad und strampelt nach Nied zurück, in die Birminghamstraße, wo er im Seniorenheim wohnt.

Auf dem Main baggert gerade die „Donar" die Fahrrinne aus. Das wuchtige Baggerschiff sieht aus wie ein Mississippi-Raddampfer, es stampft und dröhnt, und die paar Spaziergänger bleiben stehen und beobachten fasziniert, wie das lehmbraune Wasser aufgewirbelt wird und das stählerne Maul sich in den Grund hinein frisst und voll mit Steinen aus der Tiefe wieder auftaucht.

Manchmal blieben schon skurrile Fundstücke in dem Maul des Giganten hängen: geklaute neue Fahrräder und verrostete alte, ein Kinderwagen mit drei Rädern, marode Autoreifen und einmal sogar eine Bombe, die ganz vorsichtig abtransportiert worden ist.

Nebenan wartet der Fährmann auf Kundschaft. Es ist ruhig zurzeit. Kein Wetter für Ausflügler nach Schwanheim oder für die Kinder zum Ponyreiten am anderen Ufer.

Um die Mittagszeit hat der Wind die Wolken zerstückelt und den Regen fortgetragen. Der Main glitzert einen Augenblick lang unter drei, vier schräg einfallenden Sonnenstrahlen. Nun wird aus dem Schiefer fließendes Blei.

Eine Katze sonnt sich neben einem Strauch mit roten Hagebutten. Im rissigen Mauerwerk wohnen die wilden Tauben.

In den gelben Blumenbüschen auf dem Promenadenweg steht verlassen ein Einkaufswagen. Ein größerer Bub setzt einen kleineren Buben rein und fängt mit dem Wagen an zu rennen. Bis dieser umkippt und der Kleine auf dem Boden liegt und jämmerlich schreit.

Da kommt eine gemütliche dicke Italiener-Mama mit ihrer Kinderschar, sieht das Missgeschick, wischt dem fremden Kind die Tränen ab und drückt es fest an ihren gewaltigen Busen.

Fremd

Ankommen. Den Fuß auf fremde Erde setzen.
Sich umschauen
Den Hut tiefer ins Gesicht stülpen.
Sich blind und taub stellen
Nach der vertrauten Hand tasten
Langsam, wie aus einer Ohnmacht erwachen
Eine Melodie summen, die zum Lied wird
Eine warme Sonne auf der Haut verspüren
Und Behagen dabei empfinden
An Häusern vorbei fahren, die bewusst machen
Wie schön die fremde Stadt ist
Lachende Kinder und Polizisten,
Die schweigen können
Essen und Trinken, wie einst,
Als die Götter noch unter uns waren
Den Rotwein dieses Landes auf der Zunge
Zergehen lassen
Vertraute Gesichter anschauen von Menschen,
Denen man nie zuvor begegnet ist.

Nur ein Pony

Zehn Jahre lang konnte man das Pony tagtäglich sehen.

Morgens, abends, sommers wie winters.

Es stand ruhig auf einem Fleck, inmitten des schmalen Grüngürtels zwischen der Mainzer Landstraße und den „Griesheimer Alpen" – in der Nachbarschaft von Schienensträngen und Schrottautos, Gebrauchtwagen und Fabrikschornsteinen.

Meist verharrte es regungslos wie ein Denkmal und hatte den Kopf gesenkt. Nie sah man, dass es Futter zu sich nahm oder Wasser.

Mitunter aber war auch was Rebellisches um das Pferdchen. Dann flatterte beim Galopp seine Mähne im Wind und es schaute den vorbeifahrenden Zügen nach.

Einmal spielten Kinder mit ihm, ein anderes Mal trabte es mit ein paar Schafen um die Wette. Und irgendwann saß ein Bub auf seinem Rücken.

Wenn man mit der S-Bahn an der Stelle vorüber fuhr, wo das Pony stand, dann suchten die Augen schon lange vorher nach dem schwarz-weißen Punkt im Gestrüpp von Büschen und Bäumen.

Seit einiger Zeit suchen sie vergebens, das Pferd ist verschwunden. Für immer? Ist der Besitzer gestorben? Das Tier selbst aus Altersschwäche vielleicht? Wer weiß?

Der schwarz-weiße lebende Punkt in der öden Industrie-Landschaft wird künftig fehlen.

„Es war ja nur ein Pony, nun werden Sie nicht sentimental", sagt der Sitznachbar im Abteil, als wir uns über das Pferd unterhalten.

Liebe

Lieben und hassen
Botschaften austauschen
Einen Ginsterzweig an die verschlossene Tür
hängen
Und Maiglöckchen über die Schwelle streuen
Dem Hund zärtliche Worte ins Ohr flüstern
Und den Liebsten meinen
Die Schattenwolken verscheuchen
Und die Sonnenstrahlen in einem
Glas fest verschließen.

Eisberge zum Schmelzen bringen
Gebirge sprengen
Ozeane trockenlegen
Wüsten bewässern
Wolken peitschen
Und Tränen trocknen
Mit der Sonne über den Hügel steigen
Zwei Einsamkeiten zusammenbinden
Und den Alltag in helles Licht tauchen

Metamorphose

Es gab einmal in einem Frankfurter Stadtteil im Westen einen ganz besonders hübschen Punker.

Sein streichholzkurzes Haar war lila-grasgrün-karottenrot und weizengelb-gesprenkelt, an den Ohren trug er rostige Sicherheitsnadeln und um Schultern und Arme klirrende Ketten.

Und wenn er so durch den Ort stapfte, da schauten ihm die Mädchen bewundernd nach und die Leute auf der Straße blieben stehen und drehten sich nach ihm um.

Eines Tages aber konnte man unseren jungen Freund nur noch als einen „schlappen" Punker bezeichnen. Die Lederklamotten und Löcherhosen waren zwar noch die alten, aber die bunten Stoppelhaare hatte er entfärben lassen und statt der Sicherheitsnadeln baumelten dort jetzt silberne Ringe.

Dann aber blieb den Anwohnern endgültig die Luft weg und ihr Weltbild geriet gehörig ins Wanken.

Manche mussten zweimal hinsehen, ehe sie begriffen.

Da kam ER doch wirklich und tatsächlich in einem kamelfarbenen Tuchmantel und grauen Hosen – ohrringfrei – des Weges, die Haare penibel gescheitelt, die Schuhe frisch geputzt und in der

Hand hielt er ein unsägliches schwarz lackiertes Aktenköfferchen.

Yuppie hey!!

Spatzen-Taktik

Großstadtspatzen haben sich im täglichen Kampf ums Futter zuweilen eigenwillige Taktiken angeeignet.

Am Hauptbahnhof zum Beispiel sitzen die grauen Federbällchen regungslos aufgereiht im Hintergrund und harren der Dinge, die da kommen.

Kommen die dann in Gestalt einer Straßenbahn, fliegen sie wie auf Kommando auf die großen Drahtpapierkörbe im Vordergrund und warten dort auf die Aussteigenden.

Begehrt sind Mütter mit Kindern an der Hand, weil Letztere meistens etwas Essbares mit sich führen, wovon leicht eine Krume zu Boden fallen kann.

Ganz ungenierte Mahlzeiten mit Passanten halten sie auch auf der Zeil. Zum Entzücken von Groß und Klein hopsen sie auf Bänke, Stühle und Tische und betteln wie verwöhnte Hunde.

Den Vogel unter den Vögeln aber schießt derzeit ein Einzelgänger seiner Sippe ab.

Ein alter Frankfurter weiß von einem Spatz zu berichten, der kurze Stücke mit der Straßenbahn mitfährt und im Wageninneren von Fahrgästen gefüttert wird.

Der Mann hat's mit eigenen Augen an der Haltestelle Paulskirche gesehen, wo nebenan die klugen Römerbergspatzen residieren.

Die Kapuziner

Ein paar Schritte nur sind Gegenwart und Vergangenheit voneinander entfernt, trennen einen lärmgeplagten Großstadtmenschen vom Verkehrsgewühl zur Oase der Stille.

Knapp drei Minuten von der Hauptwache steht er plötzlich „Im Schärfengäßchen 3", vor der wuchtigen Pforte mit der Aufschrift: „Kloster der Kapuziner" und wundert sich, denn mit einem Mal liegen quietschende Autobremsen und nervende Taxihupen, Kaufhausgewühl und Kindergeschrei wie in weiter Ferne.

Hier, hinter Kirche und Liebfrauenberg, umfangen ihn behäbig dicke Klostermauern, gotische Wandelhallen und Kreuzgänge aus rotem Sandstein, gruppiert um einen Innenhof mit Brunnengeplätscher.

Erinnerung an eine Begegnung vor vielen Jahren:

Aus einer der Türen schlurfte ein alter bärtiger Ordensmann in brauner Kutte und Sandalen, in der einen Hand einen Schlüsselbund.

„Bruder Pförtner ist konservativ", erklärte damals Pater Bardo und lachte über das ganze Gesicht. „Er kann sich von seiner Kutte einfach nicht trennen. Dabei hat unser Orden es uns schon lange freigestellt, ob wir sie noch tragen oder nicht."

Pater Bardo („wie die ‚Bardot', nur ohne ‚t'") trug sie jedenfalls nicht.

Er sah aus, wie man sich einen Kapuzinermönch normalerweise nicht vorstellt. Grauhaarig, breitschultrig wie ein Farmer aus den amerikanischen Südstaaten, grasgrünes Hemd, verwegen gestreifte Krawatte.

„Die Kutte schuf unnötige Distanz", meinte er. „In der S-Bahn, im Zugabteil, immer blieb der Platz neben mir leer. Selten kam ich mit den Leuten ins Gespräch und das sollte ja wohl nicht sein. Heute sieht mir keiner an, dass ich Geistlicher bin."

Die Kapuziner in Frankfurt. Einst aus dem Bettelorden der Franziskaner hervorgegangen, siedelten sie 1917 endgültig in die Liebfrauenkirche im Herzen der Stadt über, um sich hier verstärkt der Seelsorge zu widmen.

Aber bereits viele Jahrhunderte früher bestanden schon die Beziehungen der Mönche zum Liebfrauenstift, wobei sich am Anfang Kapuziner und Liebfrauengeistlichkeit nicht immer hold gesinnt waren. Bildete doch ein Hauptzweig des Kapuziner-Apostolates die Verkündigung des Wortes Gottes, das die Prediger auch in solch volkstümlicher Weise dem Volk nahe brachten, dass diese Predigten starken Zulauf fanden, was sich in einer Minderung der Besucherfrequenz in den anderen Kirchen bemerkbar machte.

So predigten Kapuziner oft in der gleichen Vormittagsstunde wie die Stiftsherren, die das als Konkurrenz empfanden.

Später jedoch verbesserten sich die Beziehungen zwischen Stiftsgeistlichkeit und dem barfüßigen Bettelorden zunehmend und so wurden die Mönche, die früher nur in lockerer Bindung zum alten Liebfrauenstift standen, seit nunmehr 90 Jahren zu den Betreuern dieses ehrwürdigen Gotteshauses.

Pater Bardo sprach seinerzeit auch von den Nachwuchssorgen in seinem Orden. Von den acht Padres und den zwei Brüdern, die für das seelsorgerische Wirken und die sozialen Dienste zuständig waren, wobei immer die Seelsorge im Vordergrund stand und auch heute noch steht.

Stolz erzählte Pater Bardo, dass in der Liebfrauenkirche an Werktagen vier Messen gelesen werden, die täglich von 500 Menschen besucht würden, ein Rekord, wie der Pater nicht ohne Genugtuung erwähnte.

Auch als Beichtstuhlexperten waren und sind die Kapuziner besonders begehrt und geschätzt. Vor hohen Feiertagen arbeiten sie in Schichten.

Pater Bardo beklagte in seinem damaligen Gespräch, dass dadurch die Beschaulichkeit, das Studium der Bücher, das Philosophieren, zu kurz komme.

Früher entstanden in den Studierstuben der Klöster Bibelübersetzungen oder kunstgeschichtliche und theologische Werke von großer Bedeutung.

In unseren Tagen sind neben der Seelsorge die tätige Nächstenliebe und der Dienst am Mitmenschen Hauptanliegen des Ordens. War vor Jahren noch die Hausmission gefragt, so ist es heute die Telefonseelsorge. An zweiter Stelle stehen Krankenbesuche und Altenbetreuung.

Und der Orden hat stets sein Herz für die Ausgestoßenen der Gesellschaft geöffnet und für jene, die auf der Straße leben.

Es gibt regelmäßige warme Mahlzeiten für sie und wenn ein Stadtstreicher an die Klosterpforte klopft und um einen Teller Suppe bittet, wird er nicht weggeschickt, obwohl es manchmal Ärger mit der Polizei gibt, die sagt, dass der Orden die Leute direkt anziehen und es ihnen zu einfach machen würde.

Der Pater, dessen Name wie der von Brigitte Bardot klingt (nur ohne „t"!) hatte bei jenem Treffen auch erwähnt, dass er gern in der unruhigen Mainmetropole lebt. Er bezeichnete Frankfurt als eine lebendige, pulsierende Stadt und bejahte sie in allen ihren Krisen, Schwierigkeiten und oft fehlgelaufenen Entwicklungen. Er wolle nirgendwo anders sein.

Das Leben im Kloster mitten in einer Großstadt gleicht einer gut funktionierenden Wohngemeinschaft. Die kargen Zellen früherer Jahre existieren nicht mehr, sind einfachen und kleinen, aber behaglich ausgestatteten Einzelzimmern gewichen.

Mittelpunkt des Klosters bilden wie eh und je Kapelle und Refektorium – der Speisesaal – wo sich alle Klosterinsassen wenn möglich zum täglichen gemeinsamen Mittagessen versammeln.

Während die Patres für Seele und Geist zuständig sind, kümmern sich die Brüder um Haus und

Hof, um die Küche und ums Kochen, wobei sie manchmal von einem Profi-Koch oder einer Köchin unterstützt werden.

Am Abend finden sich die Ordensleute zum Gespräch zusammen. Oft erfolgt es in gelockerter Form, bei einem Glas Bier oder Wein, bei einer Zigarre.

Pater Bardo damals schmunzelnd: „Wir sind zwar arm an irdischem Reichtum, doch wir können sehr lustig sein, und wir lachen auch viel. Nicht immer wird geistiger Tiefgang betrieben."

Und doch brachte und bringt das enge Zusammenleben zwischen den jungen und alten Männern Gottes bisweilen echte Konflikte.

Diese Probleme und persönlichen Schwierigkeiten werden dann ausdiskutiert und in stundenlangen abendlichen und nächtlichen Sitzungen analysiert und motiviert.

„Und am Ende vertragen wir uns eigentlich immer wieder", sagte vor vielen Jahren Pater Bardo im grasgrünen Hemd und lächelte, während draußen im Klosterhof der Bruder Pförtner in der braunen Kutte mit den Schlüsseln klapperte.

Zweimal Frankfurt

Der junge Mann stand am Treppenaufgang zum Eisernen Steg und schaute sich suchend um.

Er schaute hin und her, blickte nach links und nach rechts, von der diesseitigen Mainseite rüber ans Sachsenhäuser Ufer und fragte schließlich ein Ehepaar, das gerade an ihm vorüberging in Englisch gefärbtem Deutsch: „Sorry, a moment please, wo ist die Grenze?"

Die Angesprochenen guckten sich gegenseitig ratlos an. „Was für eine Grenze?"

„Die zwischen Deutschland und Poland", meinte der Fremde.

„Irgendwas stimmt hier nicht", sagte die Frau zu ihrem Begleiter und bat den fremden Mann: „Erzählen Sie mal …"

Er war ein englischer Student und hatte in der Londoner Subway genau vor einem Jahr eine Krystyna aus einem kleinen polnischen Nest kennengelernt. Die wollte er jetzt besuchen. Sie hatte ihm als Hinweis zu ihrer Adresse noch mitgeteilt, dass sie direkt an der Grenze wohnt, gleich hinter der deutschen Stadt Frankfurt.

Jetzt begriff die Frau. Sie schaute ihren Mann an und lachte laut. „Sie sind im falschen Frankfurt gelandet. Hier bei uns ist der ‚Main' und Sie wollen in das andere Frankfurt, das an der ‚Oder'".

Als sie das unglückliche Gesicht des Londoners sah, meinte sie: „Wenn Sie nun schon einmal hier sind, dann zeigen wir Ihnen jetzt ein bisschen was von unserer Stadt und dann kommen Sie mit zu uns und können auch bei uns übernachten. Und morgen sehen wir dann weiter!"

Frau S. aus Sibirien

Sie sitzt in ihrem Wohnzimmer auf der braun-gemusterten Couch wie bei sich selbst auf Besuch.

Mit slawischem Akzent erzählt sie aus ihrem bewegten Leben.

Sie ist klein, fast schmächtig, und sie sieht älter aus, als sie ist. Bevor Frau S. vor zwei Jahren in eine Wohnung nach Frankfurt-Heddernheim zog, kam sie direkt aus Sibirien.

Sie hat als Ukraine-Deutsche dort siebenundzwanzig Jahre ihres Lebens in einem Arbeitslager zugebracht. Wenn die Fotos nicht wären, ihr lückenloses Erinnerungsvermögen und ihre abgearbeiteten Hände, könnte man glauben, ihr Schicksal sei aus einem unwirklichen Roman gegriffen.

So aber schildert sie sachlich und ohne jede Emotion ihre Erlebnisse in all den bitteren Jahren.

Immer wieder kommt sie auf die schwere Arbeit zu sprechen (die Russland-Deutschen haben Straßen gebaut und in Steinbrüchen geschuftet) und immer wieder redet sie von der klirrenden Kälte und dem vielen Schnee.

Als sie in Deutschland ihre eigene Wohnung bekam, hat sie zuerst wochenlang allein in ihren vier Wänden auf der Bettkante gesessen und vor sich hingestarrt.

Als es um die Weihnachtszeit herum zu schneien anfing, setzte sie sich in die kleine Anlage auf eine Bank und ließ sich völlig einschneien. Die Nachbarn fanden sie und wollten sie hereinholen, aber sie hat nur gesagt: „Lassen Sie mich bitte. Es ist doch wie daheim, mit dem Schnee jetzt."

„Daheim" ist für sie immer noch Russland und als sie wegen eines Rückenleidens nicht mehr arbeiten konnte und die Papiere für eine Ausreise nach Deutschland erhielt, hat sie lange gezögert.

Ganz allmählich erst hat sie sich in der neuen Heimat zurechtgefunden. Am Anfang traute sie sich wegen der „Maschinen" nicht auf die Straße. Gemeint waren die Autos. Die Tapeten in ihrer Wohnstube und in ihrem Schlafzimmer bezeichnet sie als „Papier an den Wänden" und auch Kirchenglocken hat sie hier zum ersten Male gehört.

Die Leute aus der Straße sind ihr immer etwas fremd geblieben, wenngleich sie inzwischen Anschluss an einen kirchlichen Kreis gefunden hat und mit viel Elan – und auch mit Freude und sichtlichem Vergnügen – Ausflugsfahrten mit dem Bus unternimmt.

In ihrer Wohnung fühlt sie sich wohl. Sie hat sie nach ihrem Geschmack möbliert: Erinnerungen, die gerahmt an der Wand hängen, ein gesticktes Bild, ein buntes Kissen, eine Vase mit Rosen auf dem Tisch.

Nur das Klima, sagt sie, macht ihr noch zu schaffen. Die Luft verursacht Nasebluten und Atemnot.

Erstaunlich gut hat sich Frau S. an die Kaufhäuser, Supermärkte und an das nahe große Einkaufszentrum in der Nordweststadt gewöhnt.

Sie, die den größten Teil ihres Lebens in Weltabgeschiedenheit und Einsamkeit verbracht hat, geht heute mit wachen Augen und kritischem Verstand durch die Läden, wählt mit Bedacht aus und lässt sich auch an der Tür „nichts aufschwätzen".

Noch immer ist sie freilich sprachlos über die Fülle und Auswahl der Lebensmittel in den Regalen. Sie „leistet" sich jetzt „gute" Butter, feine Wurstsorten, die sie nie kannte, exotische Früchte wie Ananas und Kiwi und natürlich dann und wann eine Tafel Schokolade für die Seele.

Nicht alle, die mit ihr zusammen nach Deutschland einreisten, haben sich so gut wie Frau S. an den ungewohnten, anderen Lebensstil gewöhnt und angepasst.

Ein junger Mann schlief in der ersten Zeit in seiner neuen Wohnung auf dem nackten Fußboden. Als Schrank und Tisch dienten ihm große Pappkartons, die seine wenigen Habseligkeiten enthielten. Erst die Dame vom Amt konnte ihn dazu überreden und bewegen, bei den Behörden einen Antrag für Bett, Tisch und Stuhl auszufüllen.

Andere Nachbarn von Frau S., ein Ehepaar aus der Ukraine, hatten zwei Monate gebraucht, um zu begreifen, dass man in der Bundesrepublik in ein Geschäft gehen und sich etwas aussuchen kann, dass man aber auch „nein" sagen und den Laden wieder verlassen kann, ohne etwas zu kaufen.

Nicht wenige der Russland-Deutschen kamen in erschreckender körperlicher Verfassung in Hessen an. Manche von ihnen trugen altertümliche Gebisse, die aus einer Art von Eisenstangen bestanden. Die hiesigen Zahnärzte konnten nur mit dem Kopf schütteln.

Und viele der Bekannten von Frau S. waren psychisch und physisch am Ende ihrer Kräfte. Ein alter jüdischer Emigrant fand sich überhaupt nicht mehr zurecht; er nahm sich das Leben – im neuen Leben!

Das Römertelefon

Vor vielen Jahren sah ein Frankfurter sein Stadtoberhaupt auf dem Bildschirm. Er schaute ihn sich genau an, griff zum Hörer und wählte die Nummer des Römertelefons.

„Entweder", sagte er zu der erstaunt lauschenden Dame am anderen Ende der Leitung, „trägt unser OB zu enge Anzüge oder aber sein Bauch ist zu dick!"

Der Rat des besorgten Anrufers: Rudi Arndt solle mehr auf seine Gesundheit achten, ein paar Pfund abnehmen (was dieser auch brav damals getan hat) und anstelle von Bier lieber öfter Sprudelwasser trinken.

Das war einer von zahlreichen originellen Ratschlägen, die aus dem Rahmen der sonst üblichen Routinefragen fielen.

Seit nunmehr 40 Jahren gibt es den Bürgerservice am Römerberg, eine Einrichtung, die sich mit vielen Hunderttausenden von Anregungen, Nachfragen, kuriosen Wünschen oder Beschwerden aus dem Kreis der Bevölkerung und mit ebenso vielen persönlichen Beratungen, Gesprächen und Auskünften befasst hat und noch immer befasst und damit in der Bundesrepublik an der Spitze aller ähnlichen Stellen steht.

Es ist das unbürokratische Prinzip der Arbeit, das die Leute anspricht. Sie können sich am städtischen Telefon frei und ohne Hemmungen artikulieren, wobei der Anonymität an der Strippe große Bedeutung beigemessen wird.

Außerdem kommt dazu, dass die Anfragen und Anliegen, die Wünsche und Beschwerden nicht im Verwaltungsfluss versickern, sondern dank der erfreulichen Mithilfe aller Ämter unverzüglich aufgenommen und beantwortet werden.

Ein weiteres Erfolgsgeheimnis des „heißen Drahtes" ist (auch) die Tatsache, dass das Römerberg-Team fast alles auf Anhieb weiß oder imstande ist, es in Kürze herauszuknobeln, seien es nun komplizierte Sachverhalte, verzwickte juristische Zusammenhänge oder einfach nur kniffelige Fragen.

Was wollen nun die (Mit-)Menschen so alles wissen?

Wo man zum Beispiel eine Gulaschkanone für einen Kindergeburtstag herkriegt, ob man sich in Frankfurt ein Pferd mieten und in der City herumreiten kann. Und wo man es beim Einkaufen parkt.

Oder wie der Balljunge beim Golf heißt. Hätten Sie's gewusst? Für die Spürnasen vom Römerservice „kleine Fische"!

Etwas schwieriger wird es dann schon bei den Fragen, warum ein Nachmieter die von der Vormieterin übernommene Markise partout nicht runterlassen will, ob der TSV München mehr Mitglieder hat oder der FC Bayern, und was es kostet, eine Katze im Zug von Hamburg nach Frankfurt zu transportieren.

Aber auch die Bandbreite der telefonisch durchgegebenen Verbesserungsvorschläge und der Anregungen, der Hinweise, Ratschläge und Wünsche und letztlich der Klagen und kleinen Kümmernisse von Bürgern, ist weit gespannt.

Vielfach geht es dabei um Sparmaßnahmen, die wirtschaftlich denkende Zeitgenossen ihren Stadtvätern ans Herz legen möchten – oder um verkehrstechnische Probleme.

Etwa Zebrastreifen, die nicht mehr nach Zebra aussehen, Rolltreppen, die nicht mehr rollen und Ampeln, die Fußgänger zu olympischen Spurts antreiben, weil ihre Phasen zu kurz geschaltet sind.

Dinge, die einheimische und eingeplackte Steuerzahler ärgern und die sie – neben den kommunalen Problemen und den Fragen im sozialen Bereich – an erster Stelle beschäftigen.

An zweiter Stelle rangieren die Beschwerden über Umweltverschmutzung, über wilde Müllablagerung auf städtischen und privaten Grundstücken, über Lärm bei Bauarbeiten und über die Sorglosigkeit im Umgang mit Straßenbäumen. Und manchmal regen sich Anrufer, die sich gern ärgern, auch noch über die Tauben auf und über die Hunde auf Frankfurts Straßen.

Natürlich treiben mitunter Zeitgenossen ihren Schabernack mit den schlauen Füchsen vom Römerberg.

Einmal rief einer an und stellte sich am Telefon mit seriös klingender Stimme als Student der Biologie vor. Für eine Examensarbeit benötige er verlässliche Zahlen über die Population der Haussperlinge in Frankfurt.

Der so Angesprochene vom Bürgerbüro zögerte nicht einen einzigen Moment. „Es waren exakt 17 Millionen und 354 bei der letzten großen Spatzenzählung", erklärte er liebenswürdig.

Wenn die Linden Trauer tragen

Morgens der Nebel, mittags eine fahle Sonne hinter alten Bäumen, die lange Schatten werfen.

Fallende Blätter, verblassende Hortensienblüten, Spinnweben ziehen Erinnerungsfäden, Linden tragen Trauerkleider, Birken und Kastanien noch Gold.

Novemberstimmung! Zeit für einen Besuch bei den Toten.

Flammendes Rot an der Wand zum Höchster Friedhof. Ein Ahornblatt klebt dem Engel aus Stein am rechten Flügel. Amseln scharren im Laub. Die Blume des elften Monats heißt Erika. In allen Schattierungen – von intensivem Lila über Rosa und Weiß schmückt sie die Gräber.

Ein Licht anzünden für Ottilie und Josefine, für Anna und Georg, eines auch für Babette, die fünfzig Jahre Dienstmädchen war und dafür das Bundesverdienstkreuz erhielt. Von Speyer kam sie nach Höchst, um hier ihren Lebensabend zu verbringen; kurze Zeit nur in der Geborgenheit einer Familie, dann ist sie gestorben – ein trauriger Tod für ein Leben voller Mühsal und Arbeit.

Wachsrosen und heitere Melancholie an der Ruhestätte der „Armen Dienstmägde Christi". Theresa, Franziska, Elisabetha und die anderen frommen Frauen haben hier ihren letzten „Wohnsitz" gefunden.

Ein paar Schritte weiter gelbe Astern für den Amtsgerichtsrat und gegenüber die Inschrift: „Beweint und unvergessen" und ein Meer von frischen Blumen für „Margot" – wer immer sie gewesen sein mag.

Die Grabsteine von heute erzählen keine Geschichten mehr wie die weißen Tempel und Pagoden, die Häuser und Paläste für die Toten in Frankreich, wie die Ahnengalerien und in Marmor gehauenen Eitelkeiten in Italien, wie die verwehten Keltenkreuze in England, von morbider Schönheit und Tristesse, wo die Schafe zwischen Efeu und bemoosten Steinen weiden.

Auch nicht wie der Gottesacker neben der Kirche in dem kleinen Dorf irgendwo in den Bergen, mit seinen Kränzen und Kruzifixen unter Glashauben und den Fotos der Männer und Mädchen, der alten Frauen und Kinder mit den seltsam verschlossenen, ernsten Gesichtern und den meist tragischen Lebensschicksalen.

Weiter geht es, mit einem Rondo von Mozart im Ohr und Hölderlin-Versen im Herzen.

An der Kreuzigungsgruppe tritt der alte Teil des Friedhofs in den Hintergrund und der neue kommt ins Blickfeld.

Eben noch Park, dann Gartenlandschaft, jetzt nur noch monotone gepflegte Langeweile.

Es ist viel gestorben worden in letzter Zeit, die Toten brauchen Platz und es müssen neue Liegestätten gefunden werden.

Auch die immerwährende Ruhe dauert nicht mehr allzu lange. In der Regel ist die Ewigkeit nach zwanzig Jahren zu Ende, wenn die Zurückgebliebenen die Miete für die letzte Adresse nicht zehn Jahre lang weiterzahlen wollen.

Noch einmal ein Licht für Käthe, ein Gebet für Johanna, die schlichte, warmherzige Frau, die nur Liebe und Güte zu verschenken hatte – alle Tage ihres Lebens.

Einen Augenblick verweilen und sich an sie erinnern, dabei leise frösteln, Nebelnässe im Haar und keine Sonne mehr im Rücken.

Elstern und Krähen schreien sich heiser, kreisen über den Köpfen derer, die gekommen sind, die Toten zu besuchen.

Dann ein Gräberfeld im Gleichschritt: Für die deutschen Bombenopfer im letzten Kriegsjahr. Allerseelensträuße und Tannenzweige über kleinen Erdhügeln. Das Datum auf fast allen Steinen: der 22. März 1944.

Nur hundert Meter entfernt davon Steinplatten mit fremdartigen Namen unter einer Grasdecke in die Vergangenheit abgedrängt. Keine Blumen für Tadensz Machalik, keine Kerzen für Julien Postugatsz und Jan Bryndak.

Stanislaw Zawadzki war 23 Jahre jung, als er starb. Jean Ryblatek nur wenig jünger. Kannten sie sich? Waren sie Freunde?

Ihre letzte Ruhestätte fanden die beiden jungen Männer auf dem Höchster Friedhof. Das Todesjahr: 1948.

Zweihundert Gräber polnischer und russischer NS-Opfer sind hier zu finden.

Namenlose, unbekannte, vergessene Schicksale, aber auch Tote, von denen man wusste, woher sie kamen.

Eine Frau aus dem Taunus pflegte die Gräber jahrelang, stellte frische Blumen hin, zündete Kerzen an. Nun hat man sie lange nicht mehr gesehen. Aber auch sie wusste nichts über die jungen Polen, von denen manche 1945, viele aber erst nach dem Krieg, zwischen 1946 und 1948 gestorben sind.

Warum starben sie, nachdem sie Krieg und Naziherrschaft überlebt hatten? Waren es die Auswirkungen der NS-Zeit, die ihre Körper und Seelen ruiniert hatten? Gibt es noch Eltern, die an ihren Sohn denken? Geschwister?

Fragen, auf die wohl keiner eine Antwort weiß.

Es ist dämmrig geworden und dunstig. Ein kalter Wind wirbelt die Blätter hoch, zerrt an dürren Ästen.

Der Engel mit dem Ahornblatt ist nur noch als Silhouette zu erkennen. Zeit zu gehen. Abschied von denen, die nicht mehr sind.

Es kehrt wieder Alltag ein in der Totenstadt. Ein Alltag mit Beerdigungen und Bestattungen, mit Tränen und großen Worten an offenen Gräbern, mit Lorbeerbäumen und dem Largo von Händel, drüben in der Kapelle, mit Totengräbern, Pfarrern und rüstigen Rentnerinnen, die mit Gießkanne, Harke und Plastiktüte hantieren und mit Besuchern, von denen manche jeden Tag wiederkommen, sommers wie winters.

Man verlor sich im Gewühl – wie Goethe Frankfurt sah

„Am liebsten spazierte ich auf der großen Mainbrücke. Ihre Länge, ihre Festigkeit, ihr gutes Ansehen machte sie zu einem bemerkenswerten Bauwerk; auch ist es aus früherer Zeit beinahe das einzige Denkmal jener Vorsorge, welche die weltliche Obrigkeit ihren Bürgern schuldig ist.

Der schöne Fluss auf- und abwärts zog meine Blicke nach sich und wenn auf dem Brückenkreuz der goldene Hahn im Sonnenschein glänzte, so war es mir immer eine erfreuliche Empfindung.

Gewöhnlich ward dann durch Sachsenhausen spaziert und die Überfahrt für einen Kreuzer gar behaglich genossen.

Befand man sich nun wieder diesseits, da schlich man zum Weinmarkt, bewunderte den Mechanismus der Kräne, wenn Waren ausgeladen wurden; besonders aber unterhielt uns die Ankunft der Marktschiffe, wo man mancherlei und mitunter so seltsame Figuren aussteigen sah.

Ging es nun in die Stadt hinein, so ward jederzeit der Saalhof, der wenigstens an der Stelle stand, wo die Burg Kaiser Karls des Großen und seiner Nachfolger gewesen sein sollte, ehrfurchtsvoll gegrüßt.

Man verlor sich in der alten Gewerbestadt und besonders Markttages gern in dem Gewühl, das sich um die Bartholomäuskirche herum versammelte.

Hier hatte sich die Menge der Verkäufer und Krämer übereinander gedrängt und die Buden des so genannten Pfarreisen waren uns Kindern sehr bedeutend und wir trugen manchen Batzen hin, um uns farbige, mit goldenen Tieren bedruckte Bogen anzuschaffen.

Ich erinnere mich auch, dass ich immer mit Entsetzen vor den daran stoßenden engen und hässlichen Fleischbänken geflohen bin.

Der Römerberg war ein angenehmerer Spazierplatz. Der Weg nach der neuen Stadt, durch die Neue Kräme, war immer aufheiternd und ergetzlich; nur verdross es uns, dass nicht neben der Liebfrauenkirche eine Straße nach der Zeile zuging und wir immer den großen Umweg durch die Hasengasse oder die Katharinenpforte nehmen mussten …"

Johann Wolfgang von Goethe: „Dichtung und Wahrheit"

Die drei Wandergesellen

Haltestelle Offenbach-Bieber der S-Bahn nach Frankfurt Innenstadt und weiter nach Wiesbaden. Der nächste Zug fährt um 14.57 Uhr, jetzt ist es 14.30 Uhr – Zeit genug für ein Gespräch mit drei ungewöhnlichen Reisenden.

Das Trio fiel einem vorher schon in der Waldstraße auf.

Zwei junge Männer mit schwerem Gepäck: Tornister, Schlafsack und Kochtopf – und ein struppiger, schwarzer Hund.

Der Vierbeiner hat sich den müden Schritten seiner Begleiter angepasst und trottet, in Gedanken versunken, nebenher.

Sie sind seit vier Jahren auf der Wanderschaft, die drei, und im Augenblick drücken die Schuhe mal wieder ganz besonders und die Füße brennen. Deshalb nehmen sie die Bahn nach Wiesbaden, denn sie wollen von dort weiter, immer am Rhein entlang, bis in die Niederlande.

Acht Beine sind im gleichbleibenden Rhythmus stundenlang, tagelang, wochenlang, monatelang marschiert und gelaufen.

Die beiden Männer haben sich unterwegs getroffen und sich zusammengetan; den Hund fanden sie genau vor einem Jahr an einer Autobahnraststätte bei Karlsruhe.

„Irgend so ein Schwein hatte ihn aus seinem Wagen geworfen", sagt der eine und tätschelt den großen haarigen Kameraden mit den bernsteinfarbigen Augen.

„Den geben wir nicht mehr her", meint der andere und der Hund versteht das offenbar und legt seine Schnauze in die Hand des jungen Mannes.

Sie wollten sich die große Freiheit um die Nase wehen lassen und sind einfach „ausgestiegen" aus einer Freizeit, die aus Kneipen, Saufen, Fernsehen und Herumgammeln bestand. Auch aus einem Arbeitsplatz, der ihnen immerhin einen handwerklichen Abschluss beschert hatte, den sie jetzt gut gebrauchen können. Einer von ihnen ist Schlosser, der andere Modelltischler. „Das goldene Handwerk ernährt noch immer seinen Mann", sagt der mit der lila Weste und grinst.

Unterwegs haben sie mal hier und mal da ausgeholfen und gearbeitet. Beim Dorfschmied, beim Bauern, in der Fabrik, in einem Handwerksbetrieb.

Sie haben halb Europa durchstreift und in Hütten und Heuschobern, Scheunen, Ställen, Garagen, Wirtshäusern, bei Kumpels, in Jugendherbergen, auf freiem Feld, am Strand in Ibiza und in Spelunken in Lissabon geschlafen.

Sie haben so viele Freunde getroffen, dass ihr Notizbuch mit den Namen nicht mehr ausreicht. Gerade kommen sie aus dem Rodgau, wo ihnen das Mädchen Barbara, das sie in Südfrankreich trafen, ein Nachtquartier und ein Klasse-Essen spendiert hat.

Mit dem Hund gab es nie Schwierigkeiten, bis auf ein einzelnes Mal. Nachts bekam er Koliken. Die Männer massierten ihn und gingen anderntags zum Tierarzt. „Da hatte der sich an unreifen Äpfeln überfressen, die er ganz besonders liebt und sie gleich pfundweise verdrückt."

Unterwegs hatten die drei Wanderer auch Profis getroffen. Zunftgesellen, die auf der Walz waren, künftige Zimmermannsleute. Dann sind sie manchmal zu viert und zu fünft weitergezogen ins nächste Dorf, in die nächste Stadt, haben bei Feuerwehr- und Sängerfesten mitgemacht, bis sich ihre Wege wieder getrennt haben.

„Was du so alles erlebst draußen, da könntest du ein Buch schreiben."

Gelegentlich sind die drei Tramps auch mitgenommen worden: von Brummi-Fahrern, von amerikanischen Soldaten in Bamberg und sogar von einem Mercedes-Besitzer aus Hamburg, der widerspruchslos Männer und Hund in sein edles Gefährt einlud und obendrein noch ein duftes Frühstück stiftete.

Aber das waren die Ausnahmen. Die meisten Zeitgenossen reagierten verständnislos, abweisend und unfreundlich auf Fragen, Bitten oder Wünsche der Tippelbrüder und auf den Hund. „So mancher Bauer hat uns vom Hof gejagt, wenn wir bescheiden anfragten, ob wir im Schuppen nächtigen dürfen“, erzählt der Jüngere. Der Ältere erinnert sich noch mit Schrecken an den kleinen Ort im Bayerischen Wald, wo ihr Hund sich mit einer Kuh anlegte und man sich plötzlich auf einer Polizeiwache wiederfand.

Aber dann stellten sich die Hüter des Gesetzes als besonders aufmerksame Gastgeber heraus, die ihre „Gäste“ ins eigene Familienleben einluden und am anderen Tag noch Wegzehrung für die Wanderschaft anschleppten.

Längst war die S-Bahn in Offenbach angekommen und in Richtung Wiesbaden weitergefahren. Im Abteil erregten die wettergegerbten Globetrotter mit ihrem vierbeinigen Freund einiges Aufsehen.

Am Wiesbadener Hauptbahnhof sagten sie „Adieu“, ihr Händedruck war kräftig. Den Hund nahmen sie in ihre Mitte und als schwarzer Punkt war er noch lange zu erkennen.

Konkurrenzlos

Es waren einmal zwei Supermärkte, die in der Leipziger Straße in Bockenheim unmittelbar aneinander grenzten.

Zwei Firmen, die eigentlich Konkurrenzunternehmen sind, lagen Haustür an Haustür.

Am Anfang glaubten die Leute, dass so etwas nicht gut geht, dass einer den anderen kaputtmachen würde.

Aber es ging gut. Sehr gut sogar.

Betrat man den Laden X und verlangte eine bestimmte Ware, die aber gerade ausgegangen war, so wurde man an das Geschäft Y nebenan verwiesen, welches sie neu hereinbekommen hatte.

Und gab es ein Sonderangebot bei der Firma Y, so machte einen die Firma X darauf aufmerksam.

Eines Tages aber trauten die Hausfrauen ihren Augen nicht und begannen, an ihrer Sehkraft zu zweifeln; saß da doch tatsächlich an der Kasse vom Supermarkt X freundlich lächelnd die „Frau Müller", sonst Kassiererin bei der Firma Y.

Des Rätsels Lösung: die Kollegin des Nachbarunternehmens war plötzlich erkrankt und ohne großes

Aufhebens schickte die Konkurrenz ihre Frau Müller als Aushilfe.

Die jeweiligen Geschäftsführer wehrten das Lob der Kunden lässig ab. „Wir wollten nur mal zeigen, dass es einen friedlichen Wettstreit geben kann, ohne dass unser Profit darunter leidet!“

Wie Goethe von Frankfurt aus die Welt sah

Dieses ist das Bild der Welt,
Die man für die beste hält,
Fast wie eine Mördergrube,
Fast wie eines Burschen Stube,
Fast so wie ein Opernhaus,
Fast wie ein Magisterschmaus,
Fast wie Köpfe von Poeten,
Fast wie schöne Raritäten,
Fast wie abgesetztes Geld,
Sieht sie aus, die beste Welt!

Es hat der Autor, wenn er schreibt,
So was Gewisses, das ihn treibt.
Der Trieb zog auch den Alexander
Und alle Helden miteinander.
Drum schreib ich auch allhier mich ein:
Ich möchte nicht gern vergessen sein!

Frankfurt am Main, den 28. August 1765

Keine Zeit für ein bisschen Traurigkeit

Die Bahn rauscht an winterlichen Kleingärten vorbei. Die Griesheimer Alpen, grau verschneit, erinnern entfernt an Rodelberge unserer Kindheit und sind doch bloß aufgetürmte Abfallhalden der Chemie.

Im Hauptbahnhof treffen sich sonntags heimwehkranke Griechen und Italiener. Die Bahnhofsmission verschenkt heißen Kaffee und Butterbrote und die Bauersfrau aus der Rhön wundert sich über die Blumen auf den Tischen.

In der U-Bahn Ebene spielt ein bleicher Langhaariger Barockmusik. Auch Eilige bleiben einen Augenblick lang stehen.

In der Stadt. Ein paar Tauben nur. Schwarze, schmutzige Nässe, stürzende Schatten. Braungesprenkelte Vögel, die wie welke Blätter von den Bäumen fallen.

Aus vielen offenen Wunden blutet die Stadt. Aufgerissen und noch nicht vernäht und vernarbt liegen die Verletzungen bloß.

Gräben, Maulwurflöcher – Furchen unserer Zeit.

Passanten zerren einen Betrunkenen von den Gleisen, ein Alter kauert am Straßenrand, wie ein weggeworfenes Bündel Lumpen. Der schrille Ton einer Polizeisirene, Flittermädchen und die flüchtige Wärme einer Imbissstube.

Die Augen verschließen, einen Windhauch des kalten Tages an die Füße hängen, rückwärtsgehen und den Kopf senken.

Früh im Jahr bin ich einmal über den Eisernen Steg gegangen, als der Himmel hell und hoch war, als die Boote auf dem schmutzig-glitzernden Flusswasser dahin schossen, als im Nizza unten am Main die Vögel in Stereo sangen und Männer in weißen Unterhemden zahnlosen Gesichtes lachend winkten.

In jenem Jahr fand von Dienstagfrüh bis Donnerstagnachmittag der Sommer statt, den sie auf der Zeil im Sonderangebot verkauften.

Ich bin über den Römerberg gelaufen und sah den Dom im stählernen Korsett eingezwängt. Die Glocken der Katharinenkirche läuteten einen Sommertag ein mit zerlaufenem Himbeereis, Pizza auf der Fußgänger-Zeil und schottischen Musikern im Bauch von Frankfurt.

Schnell aber ging die Dämmerung in die Nacht über und ließ die Dunkelheit wie eine schwarze Decke über die Stadt fallen.

Im Westend sind die ehemals weißen Tücher der Hausbesetzer längst grau und zerschlissen.

Es gibt noch stille, heile Straßen hier, wo im Frühling in Vorgärten Magnolienbäume blühen und rosa schäumend ein Strauch. Viel Rosa hinter schwarzen Eisengittern.

Jetzt ist das Gras in den Vorgärten welk und verdorrt.

Manchmal habe ich die Sonne kalt in den Augen und ich friere, obwohl es schwül ist in der Stadt nach einem heißen Tag.

Auf der Bockenheimer Landstraße tragen die Kastanien schon Wintergrün und ein paar kahle Äste, die der Wind leer geweht hat, kreuzen ihre Finger in den Himmel.

Vor Tagen noch fiel das Licht ein wie im Sommer. Jetzt ist die Luft mild, der Tag schaut hinter Regenvorhängen hervor. Die Frau auf der Zeil trägt einen gelben Regenmantel; die Farbe tut weh, brennt in den Augen wie schwefelgelbe Industrieschwaden.

Frankfurt, Stadt der vielen B's.

Der Buchmesse. Der Börse, der Bundesbank und Westend-Besetzer. Der Betonburgen und der Bäume, Bars und Bordelle, der Büroriesen und der Bankgiganten, der Bodenspekulanten und der Bahnhofs-Banden. Der Brauereien und der Biertrinker, der Bornheimer, Bockenheimer, Berkersheimer, Bergen-Enkheimer und der Bewohner von Bonames.

Frankfurt hat 660.000 Einwohner und 500.000 Arbeitsplätze, 285.000 Wohnungen und eine Million Besucher im Jahr – meist Japaner und US-Bürger.

Frankfurt hat die meisten Autos, die meisten Geldinstitute und die meisten Bäume. Und Frankfurt gilt als Erfinder des Okapi, ein ulkiges Tier, aus zwei anderen Tieren zusammengesetzt und im Zoo zu bestaunen.

Frankfurt hat auch den Monte Scherbelino, wie ihn die Jungen und Alten zärtlich nennen. Er war einst Kippe der Stadtreinigung und Trümmerberg nach den Kriegswirren. Heute ist der Berg aus Müll ein großes Stück Erholung und sonntägliches Familien-Spazierfahrt-Ziel – praktisches Beispiel auch, wie die Stadt ihre Vergangenheit bewältigt hat.

Im Nizza ist die Umwelt wie ein Lächeln. Feine alte Damen gehen mit feinen alten Hunden spazieren. Väter tragen ihre Kinder durch Sonnenkringel.

In einem Spielzeugladen dreht ein blecherner bunter Motorradfahrer seine Runden. Der Mann in der Lederjacke hat Augen wie ein Kind an Weihnachten. „Den kauf ich mir", sagt er.

In Höchst sind gestern zwei Jungen in den Tod gerast. Auf dem Motorrad. Das war gestern und heute ist heute. Es bleibt keine Zeit für ein bisschen Traurigkeit.

Ein kleines Lädchen am Ende der großen Straße. Dort verkaufen sie Verbote. Runde und ovale, quadratische und rechteckige. Auf einem steht: „Das Betreten des Rasens ist verboten". Auf einem anderen: „Hier dürfen Kinder nicht spielen". Und auf einem dritten: „Hunde sind nicht erwünscht".

Der Besitzer des Ladens ist ein freundlicher weißhaariger Herr. Er sieht nicht so aus, als ob er mit seinen Verboten viel Geld verdient.

Es ist heiß in der Stadt. Wohl 32 Grad und mehr auf dem Asphalt. Ich träume von einem bunten Bauernrock und roten Strümpfen und gelben, ledernen Schwedenpantinen.

Frankfurt. Bankfurt. Krankfurt. Vielgeliebt. Vielgehasst.

Es gibt Vereine und Verbände hier mit eigentümlichen Namen. Einer heißt Verband für Freiheit und Menschenwürde. Ein anderer: Verein zur Förderung der sozial-ethischen Demokratie. Und dann gibt es den Verein türkischer Frauen und den Verband der Postbenutzer e.V. und den Verein zur Pflege der Kammermusik.

Mittags im Stadtwald, wo Frankfurts großes Volksfest stampft und tost, und wo sich die Sachsenhäuser mit den Spaniern und Türken für zwei Tage lang an einen Tisch setzen, wo fein gemachte alte Männer aus Italiens Süden in schwarzen Anzügen und Hüten für ihre Enkel rosafarbene Ungeheuer aus Plüsch und Nylonfell heranschleppen und die Frauen rote Blumen und weiße Herzen tragen. Ich sehe eine, die heißt Elfriede. Auf dem Herz ist es mit Zuckerguss drauf geschrieben.

Am Eingang steht der Vogel-Jakob. Der singt wie eine Nachtigall und flötet wie eine Amsel. Er gehört zum Wäldchestag wie die Dame mit den Bällen, die Fischbrötchenbudenbesitzerin und die verloren gegangenen Kinder und Hunde.

Abends dann, wenn die Dunkelheit hereinbricht und die Bürger unter den Bäumen sitzen, gesättigt an Leib und Seele, dann kommt ein kleiner Hauch auf von einer Glückseligkeit, die lange vergessen ist.

Eine Weile nur, dann reibt sich so ein Besucher die Augen, weil sie tränen vom beißenden Qualm der Bratwürste, und rückt näher an den Nachbarn.

Frankfurter Köpfe

Der Herr der bunten Tische

Sein Markenzeichen ist der schwarze Hut mit dem breiten Rand, der aussieht, als ob er auf seinem Kopf festgewachsen wäre und nur ein kräftiger Windstoß lässt den Träger schon mal „oben ohne“ im Regen stehen. Einzig in den heißen Sommermonaten Juli und August, wenn bei seiner saisonalen Auszeit im Waldschwimmbad in Neu Isenburg selbst die Nilgänse den Schatten suchen, wird die traditionelle Kopfbedeckung mit einem Strohhut getauscht.

Walter Meffert, genannt „Meffy“, ist im Frankfurter Stadtteil Bornheim bekannt wie ein bunter Hund. So bunt wie die Tische, die er sich ausgedacht, entwickelt und entworfen hat.

Farbenfroh und fantasievoll wie seine Entwürfe sind auch Herz und Gemüt des Tisch-Herrn – und bunt gemixt seine Berufe.

Der 65-jährige Lebenskünstler hat Elektriker gelernt und war einst einer der seltenen Korbflechter in Deutschland. Für die Korbmacherei, dem ältesten Handwerk der Welt, älter als das Töpfern, brauchte er viel Fingerspitzengefühl, Geschick und Geduld. Wenn er von dieser Tätigkeit erzählt, dann tauchen mittelalterliche Bilder auf, von Frauen in langen derben Gewändern und von Bauern, die sich in Heimarbeit durch das Flechten ein Zubrot verdient haben. Inzwischen wurde die uralte Technik von der UNESCO als Immaterielles Kulturerbe gewürdigt.

Heute ist Meffert Hausmeister, Schreiner, Trödler, Antiquitätenhändler, Kreativer, Künstler und Designer. Eine Zeit lang hatte er vorwiegend wertvolle antike Schränke aus Haushaltsauflösungen restauriert, Weichholzmöbel vom Flohmarkt aufpoliert oder altersschwache Kommoden aus Nachlässen renoviert und deren Holzwurmlöcher fachmännisch verschmiert. Dann stieg er auf Sonderanfertigungen um und erfüllt seitdem die ganz speziellen Wünsche jener Kunden, die Antiquitäten lieben, aber sich die teuren Raritäten nicht leisten können. Nicht nur aus „Alt mach Neu", sondern auch aus „Neu mach Alt" behandelt er je nach Kundengeschmack geerbte Schränke oder moderne Einrichtungsgegenstände aus dem Möbelhaus. Er verwandelt sie in seiner Mini-Manufaktur durch „Gebrauchsspuren" und durch originelle, einfallsreiche Veränderungen in Unikate, die den Charme und die Aura einer gelebten Vergangenheit ausstrahlen oder er baut nach historischen Vorlagen ein völlig neues „gutes altes Stück" und nennt seine Schöpfungen „Repro"-Möbel.

Seit vielen Jahren repariert, verschönert oder fertigt Meffert individuelle Möbelstücke, aber mittlerweile liegt sein Fokus auf einer speziellen Variante seiner Handarbeit. Irgendwann kam ihm die zündende Idee mit den bunten Tischen. Die millimetergenau nach Maß gezimmerten Objekte aller Größen, Holzarten, Form der Beine und Stärke der Tischplatten, mit oder ohne Schubladen, waren und sind ein begehrtes „Highlight im Frankfurter Osten" und nicht nur in der Szene gefragt. In seiner Künstler-Atelier-Werkstatt betreibt er das hölzerne Farbenspiel und lackiert manchmal eine Tischplatte in gewagtem Lila oder ein Tischbein in Zitronengelb, und das andere in Apfelgrün, wenn sich ein Ehepaar nicht für eine gemeinsame Farbe entscheiden kann. Besonders für junge Leute mit kleinem Geldbeutel sind die poppigen Stücke ein echter „Hingucker", während besser verdienende Käufer für einen Tisch aus Wildeiche (seinem Lieblingsholz) schon mal tiefer in die Tasche greifen müssen.

Für die Eintracht-Fans entwarf er einmal ein Exponat in schwarz-roten Streifen mit Adlerwappen, das er aber nie anbieten konnte, weil der Verein ihm bei einem Verkauf hohe Lizenzgebühren abgeknöpft hätte.

„Ich bin ein ausgeglichener und glücklicher Mensch", sagt der Mann mit dem Hut, der den Kontakt mit anderen Menschen sucht und braucht. Er kennt das Wort „Stress" nicht, sondern ist ein entspannter Freidenker, der selbstverantwortlich für seine Lebensgestaltung steht und – weil er Geselligkeit schätzt – am liebsten in einem Hotel mit vielen internationalen Gästen wohnen möchte, genau wie der andere Mann mit dem Hut, der Udo Lindenberg. Aber leider fehlt dem Bornheimer das nötige Kleingeld und so träumt er von einer gut funktionierenden Wohngemeinschaft für ältere Menschen, in der Art einer Großfamilie – wie in der Rhön, wo er einmal gelebt hat.

Als junger Mann erprobte er schon einmal eine WG, aber dann gründete er eine eigene Familie und erst jetzt, nachdem seine Kinder erwachsen sind, er eine Scheidung hinter sich hat und allein lebt, keimt sein Wunsch nach einer neuen Form des Zusammenlebens abermals auf. Manchmal setzt er sich in sein Auto und fährt nach Darmstadt, wo sein Sohn studiert und sich dort mit Kommilitonen eine Wohnung teilt. Er kocht dann mit den jungen Leuten, isst mit ihnen, diskutiert mit ihnen, doch nach ein, zwei Tagen zieht es ihn wieder zurück nach Bornheim in seine Werkstatt.

Inzwischen hat sich der Tischler überwiegend auf die Herstellung von kleinen Tischen verlegt. Für kleine Esszimmer, Einraumwohnungen, für Singles, Zwei-Personen-Haushalte oder Studenten-WGs.

Von Anfang an setzte er bei allen seinen Produkten auf Nachhaltigkeit und Upcycling, zwei ständig in den Medien zitierte Begriffe eines kreativen Trends unserer Zeit. Sie bedeuten eine bewusste Nutzung und Wiederverwertung von unterschiedlichen Stücken unserer „Wegwerfgesellschaft", also Dingen, die bereits ein erstes Leben hinter sich haben.

Für Meffert heißt eine der Herausforderungen, die Bedürfnisse der Gegenwart zu befriedigen, ohne zu riskieren, dass die Ansprüche und Wünsche zukünftiger Generationen auf der Strecke bleiben, weil sie nicht mehr erfüllt werden können.

„Früher", meint er, „war ein sparsamer Umgang mit Holz selbstverständlich. Es durfte nicht mehr Baumholz gefällt werden, als nachwachsen konnte. Das war klima- und umweltfreundlich und schonte die Ressourcen."

Deshalb kann er sich aufregen, wenn er an die massenhafte Abholzung der Wälder am Amazonas denkt oder an das Sterben der uralten Bäume in Sibirien und Nordeuropa, deren wertvolles Holz später vielleicht für Billigstühle vom Discounter verarbeitet wird. Aus diesem Grund geht er ökonomisch und ökologisch mit dem Neukauf seiner Hölzer um und verwendet vorrangig Gebrauchtholz. Die Materialien stöbert er bei Haushaltsauflösungen auf (einmal fand er beim Ausbau einer Schublade eine teure Uhr) dann und wann beim Sperrmüll auf der Straße, unter Abfallresten von Holzfirmen oder beim Blick über fremde Gartenzäune, wo er ausrangierte Obstkisten oder Paletten entdeckt, über deren „Entsorgung" die meisten Hauseigentümer froh sind und die später nicht selten als schickes Mobiliar in Lofts, Bars oder Bistros ein zweites Leben führen.

Walter Meffert, der Lebenskünstler, wird weiterhin an Ideen tüfteln und sich bei Spaziergängen auf der Berger Straße oder anderswo in dem Frankfurter Stadtteil Bornheim, Inspirationen holen, sie innovativ umsetzen und seine Schöpfungen später bei den „Tagen der offenen Tür" in seinem Hinterhof präsentieren.

In dem Buch „Wo Frankfurt Hof hält" von Axel Huth und Frank Weinert, in welchem auch Meffert vorkommt, zeichnen die Autoren ein anderes Bild von der Main-Metropole. Sie schreiben nicht über die glitzernde Geld- und Weltstadt „Mainhattan", sondern berichten von den ehemaligen „Stiefkindern" der Stadtarchitektur, den versteckten Frankfurter Hinterhöfen und ihren Bewohnern. Heute sind diese Oasen mit ihrem Flair Orte von Geschichten und Quartiere von vielfältigen Lebensformen – ähnlich der Berliner Kiez-Kultur – wo urbanes Leben pulsiert, wo sich skurrile Außenseiter, hippe Gründerfirmen, alternative Bioläden, Galerien, Künstler, Secondhandshops und kleine Handwerkerbetriebe angesiedelt haben.

Genau die richtige Umgebung, in der sich „Meffy" mit seinen bunten Tischen wohlfühlt.

Stationen – Orte – Wege

Der Roman „Das siebte Kreuz“, mit dem die in Mainz geborene Jüdin Anna Seghers den Verfolgten der Nazizeit ein Denkmal gesetzt hat, bewegte im verflossenen Jahr 2018 beim Literaturfest „Frankfurt liest ein Buch“ mehr als 14.000 Leser und Veranstaltungsbesucher.

Die existenziellen Erfahrungen der Flucht von sieben Gefangenen aus dem Konzentrationslager „Westhofen“ (eigentlich Osthofen bei Worms) weist Parallelen zu einer anderen Autorin auf, die sich von einer Faschistin und freiwilligen Fremdarbeiterin bei den damaligen I.G. Farben in Höchst zu einer Widerstandskämpferin wandelte. Als die SS auf ihre Aktionen und Parolen aufmerksam wurde, kam sie als Deportierte ins Konzentrationslager Dachau. Von hier konnte sie fliehen und irrte in den letzten Kriegswochen durch ein zerstörtes Deutschland, bis ihr Fluchtweg in Mainz dramatisch endete.

Manche Menschen leugnen dunkle Lebensabschnitte, andere machen aus Brüchen in ihrer Biographie einen Film oder schreiben ein Buch, wie die italienische Schriftstellerin Luce d'Eramo. Ihr Tatsachenroman „Deviazione“ (Der Umweg) erschien 1979 und wurde 2016 durch den Verleger Carlo Feltrinelli wiederentdeckt, mehrfach übersetzt und ist jetzt unter dem alten Titel neu verlegt worden.

Neben den Werken Anna Seghers gilt innerhalb der Holocaust-Schriften die unglaubliche Odyssee der Italienerin als herausragendes literarisches Ereignis und als einzigartiges Zeugnis einer zutiefst verstörenden Lebensgeschichte im Dritten Reich.

Ebenso wie Seghers wird auch die Erzählerin 1925 in großbürgerlichen Verhältnissen geboren. In Paris geht sie auf das Gymnasium; bei Kriegsausbruch kehrt die Familie nach Italien zurück. Der Vater steht als Staatssekretär in Diensten der Mussolini-Regierung und Luce ist als junges Mädchen fasziniert von Nazihelden und eine glühende Verehrerin von Hitler und Mussolini und dem Faschismus in Italien und Deutschland.

Als 18-Jährige beginnt sie in Rom ein Studium, bricht es aber ab und reist heimlich und gegen den Willen ihres Vaters nach Deutschland, um dort in der Rüstungsindustrie für den Sieg der Nazis zu arbeiten und sich selbst ein Bild über den Nationalsozialismus zu machen. Zurück bleiben „die Mahagonimöbel, das feine Porzellan, das englische Silber"; dafür hat sie im Gepäck die Fotos ihrer Idole Hitler und Mussolini und Kants „Kritik der Urteilskraft" – eine Theorie über die Lehre der Ästhetik, über die sie später promovierte.

Im „Dritten Reich" angekommen, meldet sie sich als Fremdarbeiterin im Februar 1944 freiwillig für einen Arbeitseinsatz in den Betrieb CH 89 der damaligen I.G. Farben in Frankfurt am Main Höchst. Sie ist zusammen mit anderen Frauen in jenen Baracken untergebracht, die nach dem Krieg die gestrandeten und überlebenden Juden aus den Konzentrationslagern in das berühmte DP Lager in Zeilsheim, ins Land der Täter, aufnehmen sollten.

Luces faschistische Überzeugung stößt schon bald auf die Realität der im Höchster Werk beschäftigten französischen Fremdarbeiter und polnischen und russischen Zwangsarbeiter. Während sie selbst eine leichte Arbeit zugeteilt bekommt (sie muss in einem Labor stündlich Apparaturen kontrollieren und Reagenzgläser spülen), beobachtet sie die ausgemergelten, zerlumpten und erschöpften sowjetischen Männer, die pausenlos gewaltige Säcke auf dem Rücken schleppen und die russischen Frauen, die stundenlang Eisblöcke transportieren und schwere Fässer an die Gleise der Werkseisenbahn rollen müssen.

Auch im Arbeitslager in Höchst haben die Nazis unter ihren Sklaven ein ausgeklügeltes Klassensystem etabliert. In den Kantinen sind die einzelnen Nationalitäten streng getrennt. Es gibt gesellschaftliche Unterschiede zwischen den Fremdarbeitern und den Zwangsarbeitern. Die besten Plätze haben Belgier, Italiener und Franzosen, die sogenannten „Westler".

Die Tische von Slawen, Kroaten und Polen stehen in einem abgetrennten anderen Bereich und völlig isoliert sind die „Untermenschen", die Russen und Ukrainer. Besonders grausam ist die Unterbringung der 138 Aufständischen von Warschau, die am Rande, von allen anderen abgeschottet, in einer Baracke eingesperrt sind.

Eines Tages betritt Luce den überfüllten Speisesaal der zusammengekrümmt sitzenden russischen Männer und Frauen und sieht, dass ihre Suppe aus verdorbenen, faulen Rüben besteht und die eine Scheibe Kommissbrot verschimmelt ist und so pappig, dass sie an den Fingern kleben bleibt.

„Ich fand das derart erniedrigend und ungerecht", schreibt sie in ihrem Buch, „dass ich unverzüglich zum Werksleiter ging, um mich über die ungenießbare Verpflegung der schwer schuftenden Russen zu beschweren."

Der Direktor, Dr. Popp, ist anfangs amüsiert, später aber zunehmend verärgert über die Hartnäckigkeit der Provokateurin, die keine Ruhe gibt, weil sie mit der Zeit zahlreiche andere Missstände und Skandale, unter anderem in den Schlaf- und Waschräumen und auf der Krankenstation aufdeckt und diese auch prompt meldet. Der Lagerkommandant (mit Skipullover, Schäferhund und Peitsche) verdonnert sie schließlich zu harter Arbeit. Fortan muss sie zur Strafe selbst Eisblöcke aus Kohlensäure mit einer Temperatur von minus 78 Grad zur Verladung an die Rampe schleppen. Der Aufseher erklärt ihr, „wenn du die Russen so gern hast, kannst du ja mit ihnen zusammen arbeiten."

Weil sich an den schlechten Bedingungen der Arbeiter aus Osteuropa nichts ändert, organisiert Luce zusammen mit französischen Widerstandskämpfern einen Streik. Diese hatten eine Karte des Lagers gezeichnet (in dem Buch ist sie abgebildet) und sind bereit für einen Aufstand. Als dieser scheitert und Luces Eltern in Italien ständig nur beunruhigende Nachrichten erhalten, auch von den Luftangriffen auf das nahe Frankfurt und von der Verhaftung ihrer tollkühnen und rebellischen Tochter, wird sie mithilfe des italienischen Konsuls in die Heimat zurückbeordert.

Als im Jahre 1988 zum 125-jährigen Jubiläum der Farbwerke Hoechst der Hessische Rundfunk gemeinsam mit Frankfurter Zeitungen ein Portrait der Firma bringen und in ihren Beiträgen auch die heiklen Fragen, die die Zwangsarbeiter betreffen, behandeln (dabei den Tatsachenbericht der Luce d'Eramo zitieren) und anschließend die Ungeheuerlichkeit der Zyklon B Produktion der I.G. Farben für die Gaskammern in Auschwitz thematisieren, schickt Hoechst an alle Mitarbeiter einen Brandbrief und bittet sie, gegen die kritische und einseitige Berichterstattung zu protestieren. Man hätte gehofft, argumentiert die Werksleitung, ein überwiegend positives Bild zu sehen und eine Würdigung des größten hessischen Arbeitgebers und Weltunternehmens mit 50.000 Mitarbeitern, aber stattdessen hätten Häme und verzerrte Urteilsbildungen viele Kollegen und Kolleginnen empört und verletzt.

In Italien setzt unterdessen die nunmehr von einer rechten Faschistin zu einer linken Kämpferin Geläuterte ihre persönliche Revolte gegen die politischen

Verhältnisse fort, bis die SS auf sie aufmerksam wird, und sie zum zweiten Mal nach Deutschland kommt – als Deportierte ins KZ nach Dachau.

Wie auch schon in Höchst versteht sich Lucia auch in Dachau mit den Frauen nicht. Sie ist schockiert von deren Kälte und Emotionslosigkeit und findet ihre Schlafgenossinnen verwahrlost, primitiv und engstirnig. Und die Zustände im Lager treffen sie, wie sie schreibt, wie die Keule eines Menschen fressenden Riesen im Märchen, aber schlimmer noch sind für sie Enttäuschung und Schmach, dass sie statt einer roten Armbinde mit dem Aufdruck „politische Gefangene" die schwarze für „Asoziale" tragen muss.

Auch in Dachau wird sie als Arbeiterin für das Deutsche Reich eingesetzt und ist für die Reinigung der Kanalisation in München zuständig. Eine „stinkende, eklige und einfach widerliche Erfahrung", schreibt sie in ihrem Buch, „tagelang zusammen mit Ratten in Exkrementen herumzuwühlen, nur unterbrochen durch heulende Sirenen und Fliegeralarm."

Bei einem ihrer Einsätze außerhalb der Stadt nutzt sie die Gelegenheit zur Flucht und hält sich ab dann illegal an allen möglichen Orten in Deutschland auf, zuletzt in Rheinland-Pfalz, auf den Spuren von Anna Seghers Gefangenen aus dem Buch „Das siebte Kreuz".

Noch einmal gibt es bei den beiden Frauen Gemeinsamkeiten, denn bei einem der verheerenden Bombenangriffe auf Mainz, der Geburtsstadt von Seghers, versucht Luce, mehrere Verschüttete aus einem zerstörten Haus zu retten und wird dabei von einstürzenden Mauern so schwer verletzt, dass sie halbseitig gelähmt und auf den Rollstuhl angewiesen ist. Sie wird in zahlreichen deutschen Krankenhäusern behandelt und kehrt nach Beendigung des Kriegs nach Italien zurück – nach einem kurzen vergeblichen Versuch, in die Sowjetunion zu emigrieren, wo sie eine neue ideologische Heimat zu finden hoffte.

1946 heiratet sie einen Philosophielehrer und studiert ebenfalls Philosophie und Literaturwissenschaften. Mit ihrem 1947 geborenen Sohn Marco hält sie sich Anfang der 60er Jahre eine Zeit lang im Taunusort Glashütten bei ihrer Ärztin auf, die sie 1945 operiert hat.

Ihr Sohn besucht dort die deutsche Schule.

In den folgenden Jahren ist Luce schriftstellerisch und journalistisch tätig. Zu ihrem Freundeskreis zählen Intellektuelle wie Alberto Moravia und Ignazio Silone. Sie schreibt Artikel für die von ihrem Sohn herausgegebene linke Zeitung Il Manifesto und engagiert sich in der Initiative Frauen für den Frieden. Ausgerechnet auf der Frankfurter Buchmesse, die sie 1988 besucht, verunglückt sie mit ihrem Rollstuhl ein zweites Mal und ist ab dann schwerstbehindert.

Am 6. März 2001 stirbt Luce d'Eramo mit 76 Jahren in Rom. Widersprüchlich und ambivalent war ihr Leben. „Eine blödsinnige Heldin" wurde sie von einem ihrer Freunde, einem Filmemacher, genannt, der ihre Autobiographie in die Kinos bringen wollte, aber tödlich verunglückte, ehe er sein Projekt verwirklichen konnte.

DANKE

Ich danke meiner Tochter Katrin, die meine Texte redigiert hat und mir meine teilweise unrealistischen und verrückten Ideen ausgeredet und die Sache „auf den Punkt“ gebracht hat!

Über die Autorin

Christa Rosenberger wurde in Frankfurt am Main geboren.

Sie hat schon als Kind zusammen mit ihrem Vater die Sehenswürdigkeiten und reizvollen Winkel der Stadt am Main erkundet und entdeckt.

Als der Krieg ausbrach und 1944 die Altstadt durch Bomben in Schutt und Asche gelegt wurde, war sie im Westerwald evakuiert, hat aber nach dem Krieg bis zum heutigen Tag alle Entwicklungen und Aktivitäten um das wiedererstandene, neue Frankfurt beobachtet und liebevoll kritisch begleitet.

Als Journalistin war sie fünfundzwanzig Jahre für die Frankfurter Rundschau tätig.

Daneben verfasste sie Kurzgeschichten, feuilletonistische Reisebeiträge (FAZ, MERIAN) und Buchartikel.

Zudem war sie Mitarbeiterin bei INTER NATIONES – dem PR Organ der Bundesregierung im Auswärtigen Amt.

In den letzten Jahren hat sie eine Erzählung und ein Kinderbuch veröffentlicht.

Christa Rosenberger ist verheiratet, hat eine erwachsene Tochter und lebt in einem Taunusvorort.

Ebenfalls im Charles Verlag erschienen:

Meddi Müller &
Marcel Dax (Hg.)

Ein Viertelstündchen Frankfurt 3

ISBN: 978-3-948486-00-6
14,00 €
172 Seiten
Taschenbuch

Warum man besser zum Augenarzt geht, bevor man seine Liebe am Eisernen Steg beendet, weiß Iris Rösner, weshalb eine Radtour um Frankfurt eine wunderbare Idee ist, erfährt man von Andreas Heinzel und wieso Frankfurt einen neuen König benötigt, weiß Meddi Müller. Woher die Straßen ihre Namen haben, erklärt Tim Frühling und wie hart umkämpft der Frankfurter Wohnungsmarkt ist, erzählen uns Ivonne Keller und Daniel Holbe. Susanne Reichert löst endlich das Nilgans-Problem und Eva Lirot zeigt uns, wie ein Auftragskiller seiner Arbeit nachgeht. Ralf Schwob bejubelt nochmal den Pokal und Lutz Ullrich erklärt uns, warum eine Tiefkühltruhe nicht immer die beste Wahl ist. Zwischen all dem erfahren Sie Wissenswertes und Erstaunliches über unsere wunderbare Stadt am Main.

Ein Buch, das von Frankfurtern für Frankfurter und welche, die gerne Frankfurter sein wollen, geschrieben wurde oder für diejenigen, die ihren Freunden und Verwandten Frankfurt ein kleines Stückchen näher bringen möchten.